CHRISTINA BRUDERECK
JÜRGEN METTE

# REFORMATION DES HERZENS

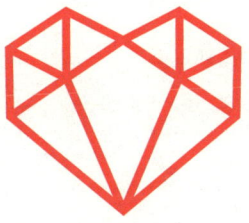

EINE VIERWÖCHIGE REISE
ZURÜCK ZU DEN WURZELN

# SCM
## Stiftung Christliche Medien

Der SCM Verlag ist eine Gesellschaft der Stiftung Christliche Medien, einer gemein-nützigen Stiftung, die sich für die Förderung und Verbreitung christlicher Bücher, Zeitschriften, Filme und Musik einsetzt.

3. Auflage 2017

© 2016 SCM-Verlag GmbH & Co. KG, 58452 Witten
Internet: www.scm-brockhaus.de; E-Mail: info@scm-verlag.de

Soweit nicht anders angegeben, sind die Bibelverse folgender Ausgabe entnommen:

Lutherbibel, revidierter Text 1984, durchgesehene Ausgabe in neuer Rechtschreibung, © 1999 Deutsche Bibelgesellschaft, Stuttgart.

Weiter wurden verwendet:

Elberfelder Bibel 2006, © 2006 by SCM-Verlag GmbH & Co. KG, 58452 Witten. (ELB)

Hoffnung für alle ® Copyright © 1983, 1996, 2002, 2015 by Biblica, Inc.® Verwendet mit freundlicher Genehmigung des Herausgebers Fontis - Brunnen Basel. (HFA)

Bibeltext der Schlachter Bibelübersetzung. Copyright © 2000 Genfer Bibelgesellschaft. Wiedergegeben mit der freundlichen Genehmigung. Alle Rechte vorbehalten. (SCH)

Umschlaggestaltung: JoussenKarliczek, Schorndorf
Titelbild: Fritz Bielmeier/StockSnap.io
Satz: Kathrin Spiegelberg, Weil im Schönbuch
Druck und Bindung: Finidr s. r. o.
Gedruckt in Tschechien
ISBN 978-3-417-26727-3
Bestell-Nr. 226.727

# INHALT

# – VORWORT –

Doppelt genäht, hält besser! Ob das auch stimmt, wenn sich zwei Autoren zusammentun, um ein Buch zu schreiben, wissen wir am Ende dieser dualen Schreibwerkstatt. Aber das sei jetzt schon gesagt: Ein Autoren-Duo muss sich zusammenschreiben, zusammen denken, zusammen wahrnehmen, auf Ergänzung bedacht sein, nichts doppeln und nichts verdoppeln, sondern mit unterschiedlichen Stilen und theologischen Schwerpunkten ein Gesamtwerk schaffen, bei dem der Leser nicht mehr in jedem Artikel nach dem Verfasser fahnden muss. Solche umständlich langen und verschachtelten Sätze können zum Beispiel nur von mir, Jürgen Mette, kommen. Wie heißt doch diese neue Modeformel? Man muss sich aufeinander einlassen!

Wir wollen keine Einzelartikel aneinanderreihen, sondern jeweils das »Geschreib« des anderen so ergänzen, dass der Leser darin ein Gesamtwerk erkennt und gern danach greift. Ob das gelingt, das entscheide die verehrte Leserschaft, also du und Sie und ihr.

Ich würde Ihnen gerne meine Co-Autorin vorstellen, oder sagen wir besser: die Initiativ-Autorin, die mich dem Verlag als Co-Autor vorgeschlagen hat.

Ich bezeichne Christina Brudereck gern als die *grande dame* des geschriebenen und gesprochenen Wortes. Wenn sie auf der Bühne steht, dann redet sie nicht, sie spricht. Mal schnell, mal langsam, mal distanziert, mal engagiert, mal leidenschaftlich, mal cool, mal im schnodderigen Ruhrpott-Slang, mal druckreif pathetisch, gestochen, präzise, immer aber für den Hörer überraschend. Christina Brudereck ist nicht vorhersagbar und sie erfüllt nicht gern gediegene Erwartungen, weder in ihrer Rede noch in ihrer Schreibe. Dabei hat sie den Mut, sich selbst Evangelistin zu nennen. Sie malt ihrem Auditorium die Schönheit des christlichen Glaubens vor Augen, die Liebe Gottes, die Gemeinschaft des Heiligen Geistes und die Barmherzigkeit Jesu. Das geschieht in lyrischen Passagen, in biografischen Episoden, in anspruchsvollen Lehrvorträgen, immer mit einem Bezug auf die weltweite Gemeinde Jesu, immer um den Dialog bemüht, um das hörende Verstehen. Dabei lebt sie in einer feinen Art Wertschätzung gegenüber Menschen fremder Religionen, ob in Indien, Myanmar oder im Musterland der drei monotheistischen Weltreligionen – Israel.

Christina Brudereck ist studierte Theologin und produktive Autorin, sie war im Dienst der rheinischen Kirche und lebt jetzt als freischaffende Referentin für Spiritualität und Menschenrechtsfragen mit ihrem Mann, dem Pianisten Benjamin Seipel, in einer Wohngemeinschaft in Essen.

Meine persönliche Ambition, mich für dieses Projekt einzusetzen, ist einfach die Sorge, dass das Reformationsjubiläum wie viele andere Jubiläen kommt und geht, ohne dass es zu nachhaltigen Aufbrüchen kommt. Ich will mich dafür einsetzen, dass Christen sich von der Botschaft der Reformation Luthers und anderer Reformatoren anstecken und erwecken lassen.

Ich bin Christina Brudereck. Ich habe mich über die Idee des Verlages zu diesem Buch gefreut. Reformation – die feiere ich gerne. Alle 500 Jahre auch gern etwas größer. Denn ich halte Kirche für reformierungsbedürftig. Wie auch mich selbst. Die Frage nach einer Reformation des Herzens traf sofort mein Interesse. Die Idee, dieses Projekt gemeinsam mit einem Mann zu verwirklichen (»Suchen Sie sich einen!« – was für eine schöne Aufforderung!), lockte mich auch. Die gemeinsame Wahl fiel auf Jürgen Mette. Mein Co-Autor ist Theologe. Er hat sich als Jugendpastor, Gemeindeberater, Evangelist und Lehrbeauftragter an der Evangelischen Hochschule Tabor engagiert und als Vorstandsvorsitzender der Stiftung Marburger Medien. Er ist ein Denker, Musiker und Manager. Aber die vielen Aufgaben, Posten, Vorstandsämter sind nicht das Wichtigste. Er ist Vater von drei großartigen Kindern, drei tollen Menschen und hochbegabten Musikern. Er ist verheiratet mit Heike. Schon Großvater von sechs Enkelkindern. Er ist Marburger, hat aber auch im Mittleren Westen der USA gelebt. Was ich über ihn sagen kann, die ich mit diesem Projekt zum ersten Mal so eng mit ihm zusammenarbeite: Die Herausforderung, mit der Diagnose Parkinson zu leben, wirft große Fragen auf. Jürgen stellt sich ihnen. Die Krankheit verstärkt seinen Mut, klare, offene Worte zu sprechen. Bringt seine tiefste Lebensberufung zutage, Glaube, Hoffnung und Liebe zu teilen. Er nutzt seine Zeit und lässt sich nicht ablenken. Ich lerne mit ihm, dass Brüche eine kostbare Gelegenheit sind, ganz wir selbst zu sein. Ich erlebe, was eine Reformation des Herzens ist.

Wir laden Sie ein, zu lesen, mitzugehen, einzuhaken. Wir verstehen unsere Beiträge als Impulse, die wir zur Debatte stellen. Sie sind ausdrücklich für den Austausch gedacht. Für Widerspruch und Rückfragen. Sie sind protestantisch – und lieben daher auch den Protest. Wir wollen Impulse geben für ein Gespräch, das schon vorher angefangen hat in Ihnen und anschließend weitergeht. Was wir teilen, ist Ausdruck unserer Erfahrung und Theologie.

Und das ist die Aufgabe, die uns der Verlag gestellt hat: Wie legen wir die vier sogenannten Exklusivpartikel Martin Luthers für unsere heutige Zeit aus: allein die Gnade, allein die Schrift, allein Christus und allein der Glaube? Die vier kompakten theologischen Grundsätze, auch Ausschließlichkeitsformeln genannt, fassen das Zentrum der reformatorischen Theologie zusammen. Wir finden sie bereits bei dem großen Kirchenlehrer Thomas von Aquin (1225-1274). Die reformatorische Verwendung dieser vier Begriffe konzentriert sich auf das *solus*, allein. »Allein aus Gnade« heißt also ausdrücklich »nicht aufgrund menschlicher Leistungen«.

Diese vier Kernbegriffe stellen unser Leben und Denken infrage, auch nach 500 Jahren. Sie haben nichts von ihrer Wirkung verloren, sind wie theologische Prüfkriterien unseres Glaubens. Daran wollen wir immer wieder unseren Glauben messen und uns im flotten Strom aller spirituellen Modewellen verorten und verankern. Wir stellen uns dieser Prüfung – persönlich, nicht auf die Institution Kirche bezogen, sondern auf unsere Herzenshaltung. Es geht um die Frage: Bin ich in meinem Glauben und Denken reformfähig, bereit zur Erneuerung, bereit zur Korrektur? Das Buch gliedert sich in vier Teile mit je sieben Kapiteln – oder vier Wochen mit je sieben Tagen. Jede Woche widmet sich inhaltlich einem dieser vier Themen – Gnade, Schrift, Christus, Glaube.

Wir ermutigen Sie dazu, sich nicht allein auf den Weg zu machen, sondern gemeinsam mit anderen die Reformation der Herzen anzustoßen. Suchen Sie sich Freunde, Wegbegleiter, Mitchristen oder Suchende und treffen Sie sich fünf Wochen lang, um das Gelesene zu diskutieren, zu vertiefen, im Alltag praktisch werden zu lassen. Dazu finden Sie am Ende dieses Buches einen Leitfaden für Kleingruppentreffen. Darüber hinaus bietet Ihnen die gleichnamige DVD wunderbare Gesprächsimpulse; Experten zum Thema sowie bekannte Persönlichkeiten teilen ihr Wissen und ihre Erlebnisse mit Ihnen und lassen so weitere Facetten der vier Entdeckungen der Reformation aufleuchten.

Wir sind dankbar für die Gelegenheit, die dieses Buch schafft – über Gnade, Wort, Christus und den Glauben zu sprechen. Unser größter Wunsch ist, dass alle Worte, geschrieben und gesprochen, gebetet und ersehnt, uns zum Guten und zur Güte verändern. Dass wir beherzt leben!

Christina Brudereck und Jürgen Mette

# – WOCHE 1 –
# DIE ENTDECKUNG
# DER GNADE

Nicht die Gnade, die Paulus empfangen, begehr' ich,
nicht die Huld, mit der du dem Paulus verziehen,
die nur, die du dem Schächer am Kreuz gewährt hast,
nur die erfleh' ich.

**Nikolaus Kopernikus (1473–1543), aus seiner Grabinschrift**

# – TAG 1 –
## GNADE. DAS GRÖSSTE!

Eigentlich wollte ich diese Geschichte nicht zum Besten geben, schon gar nicht als Eröffnung dieses Buches. Es gibt Kindheits- und Jugenderfahrungen, über die man lieber dezent das Schweigen breitet. Aber oft sind es die peinlichen Erlebnisse, die tiefere Spuren in unserem Gewissen und Gemüt hinterlassen, als uns das bewusst ist.

Um das größte Geschenk Gottes für unser Leben zu beschreiben, es fassbar zu machen, erzähle ich diese Geschichte. Die Geschichte von einem Vater, der gerecht sein wollte und im Vollzug der Strafe so von der Gnade erfasst wurde, dass die Züchtigung im Ansatz stecken blieb.

Ich muss in der dritten oder vierten Klasse gewesen sein, als unsere Grundschullehrerin mal wieder eine dieser typischen Fragen stellte, auf die immer nur die Mädchen zu antworten wussten. Sie fragte nämlich, wer von uns zu Hause eine Strickmaschine habe. Sie stellte immer solche typischen Frauenfragen: »Wer hat zu Hause ein Dampfbügeleisen?« »Wer hat schon mal mit einer elektrischen Küchenmaschine gearbeitet?« In diesem Revier hatte ich nichts zu melden. Ich wusste gar nicht, was eine Strickmaschine ist. Wie gern hätte ich einmal damit geprotzt, dass wir zu Hause im elterlichen Holzbaubetrieb Kreissägen hatten, Stichsägen, Bohrmaschinen, Hobelmaschinen und andere technische Innovationen. Aber die Lehrerin fragte nach einer Strickmaschine. Und bevor eins der Mädchen die Hand heben konnte, um stolz zu verkünden, dass sie zu Hause eine Strickmaschine hätten, habe ich mich frech gemeldet und allen Ernstes behauptet, wir hätten so ein Wunderwerk der Technik. Das war natürlich eine Lüge, meine Mutter war Geschäftsfrau und hatte mit Buchhaltung und Büromanagement zu tun; sie hätte nie im Leben Zeit gehabt, an der Strickmaschine zu sitzen. Aber ich wollte den Mädchen das Maul stopfen – und so erfand ich die dreiste Lüge von der Strickmaschine.

Ich hatte die Sache schnell wieder vergessen, aber meine Lüge sollte Folgen haben. Als ich abends bei anbrechender Dunkelheit beim Bauern in der Nachbarschaft die Milch holte und mich dort noch ein bisschen schwatzend aufhielt, kam mein Bruder angelaufen, ich solle gefälligst sofort nach Hause kommen, die Lehrerin sei da und wolle die Strickmaschine besichtigen. In seinen Augen war ein merkwürdiges Glitzern, das ich heute als schadenfroh bezeichnen würde. Wir haben in all den Jahren immer wieder herzlich über diese Episode gelacht.

Damals jedoch packte mich das blanke Entsetzen und ich machte mich von Scham und Angst gepeinigt auf den kurzen Heimweg. Die Lehrerin war inzwischen schon wieder gegangen, meine Mutter saß kopfschüttelnd mit roten Ohren am Küchentisch und riet mir, unverzüglich in Vaters Büro zu erscheinen. Sie wirkte so, als würde sie mich am liebsten mit einer Ohrfeige auf das Gespräch mit Vater vorbereiten. Meine Mutter war mit einer leichten Ohrenmassage durchaus schnell bei der Hand, mein Vater indes gar nicht.

So schlich ich zum Büro meines Vaters und öffnete zaghaft die Tür. Er bat mich herein und eröffnete mir unumwunden, wie erschüttert er über die Dreistigkeit sei, mit der ich die Lehrerin getäuscht und damit meine Eltern in große Verlegenheit gebracht hätte.

Wenn er doch bloß zornig reagiert hätte, wenn er sich wenigstens kurz aufgeregt hätte, damit wäre ich klargekommen. Aber die Erschütterung, die noch durch seine gebeugte Körperhaltung am Schreibtisch unterstrichen wurde, die Schmach, die ihn krümmte, und die Traurigkeit auf seinem Gesicht – das war es, was mich so traf. Ach würde er mich jetzt zum ersten Mal in meinem Leben verprügeln, würde er mir eine zornige Standpauke halten, das würde ich verkraften. Aber er sah mich schweigend an und eröffnete mir mit völlig beherrschten Worten, dass er keine andere Möglichkeit sehen würde, als mich jetzt körperlich zu züchtigen. Er nahm von seinem Reißbrett einen 50 cm langen Maßstab, edles Buchenholz mit weißer Skala, legte mich umständlich über sein Knie – er hatte ja in dieser Prozedur keine Übung – und verpasste mir einen Streich auf den Allerwertesten. Während dieser nahezu schmerzfreien Übung liefen ihm die Tränen über das Gesicht. Er wollte mich züchtigen, weil er keinen anderen Ausweg sah, aber während er zur Zuchtrute griff, muss ihn das Erbarmen ergriffen haben. Die Tränen auf seinem unendlich traurigen Gesicht waren mir Strafe genug. Im Vollzug des Gerichts wurde er selbst von der Gnade besiegt und überwunden, sodass er an mir, seinem geliebten Sohn, Gnade vollzogen hat und nicht das Gericht.

Was immer ich in meinem Leben über meinen Vater vergessen werde, diese kleine Sequenz werde ich nie vergessen. Er war ein Mann, der von der Gnade Gottes gelebt hat, und darum konnte er gnädig sein. Die lächerliche körperliche Züchtigung war nichts im Vergleich zu dem Schmerz auf seinem Gesicht. Und noch schlimmer war es für mich, dass er tagelang kaum gesprochen hat, nicht gesungen, nicht gepfiffen. Er hat an der Dreistigkeit seines Sohnes einfach nur gelitten. Ich konnte ihm auch nicht vermitteln, dass es eigentlich gar keine Lüge war, sondern ein Befreiungsschlag gegen die Weiberherrschaft in meiner Schulklasse. Aber solch eine Deutung hätte ihn wahrscheinlich noch mehr erschüttert.

**Er war ein Mann, der von der Gnade Gottes gelebt hat, und darum konnte er gnädig sein.**

Als mein Vater dann wenige Tage später wieder in den normalen Verhaltensmodus geriet und auch wieder redete, war das für mich ein großes Freudenfest. Seitdem weiß ich, was Gnade ist. Da leidet einer an der Schuld seiner Leute, hätte allen Grund zu richten, zu ordnen, abzufertigen, ohne eine zweite Chance. Aber er wird selbst von der Gnade überwältigt und lässt Gnade vor Recht ergehen.

Das ist der Grund, warum für mich das *sola gratia* die wichtigste der vier Entdeckungen der Reformation geworden ist. Die vier sogenannten Exklusivpartikel *sola gratia, sola scriptura, sola fide* und *solus Christus* stehen ohne Rangstellung nebeneinander, nicht in einer Wertigkeit hintereinander, aber »allein die Gnade« ist für mich das stärkste Bekenntnis meines Glaubens geworden. Obwohl die Gnade ohne Christus nie mit Leben gefüllt würde und der Glaube ohne die Schrift nicht zustande käme, ist die Gnade die geistliche Qualität, ohne die ich verzweifeln müsste.

So eröffnen wir diese vierwöchige Reise mit der Betrachtung des *sola gratia*. Der Mensch wird allein durch Gnade gerechtfertigt und nicht aufgrund seiner eigenen Werke, mögen sie noch so geistlich motiviert sein. Jede Heilsinitiative, jede eigene Heilskooperation ist ausgeschlossen. Bei Luther ist die Gnade die *favor dei*, die Gunst Gottes, die von außen das Erbarmen Gottes über uns ausgießt. Gnade ist kein natürliches Qualitätsmerkmal unseres Lebens, sie kommt nicht aus uns. Sie kommt unverdient und völlig überraschend über unser Leben, gerade dann, wenn wir uns unserer ganzen Unwürdigkeit und Ausweglosigkeit bewusst sind.

**Gnade ist kein natürliches Qualitätsmerkmal unseres Lebens, sie kommt nicht aus uns. Sie kommt unverdient und völlig überraschend über unser Leben.**

Luther argumentierte gegen die vorherrschende scholastische Theologie, die die Gnade als eine im Menschen vorfindliche oder zu erwerbende Fähigkeit verstand. Die andere Front, an der Luther das neue Verständnis von Gnade verteidigen musste, war der von Rom geduldete kirchliche Ablasshandel. So entwickelte er das Thema zum alles umfassenden Kern- und Kristallisationspunkt des Evangeliums. Das ganze Evangelium ist in diesem Begriff »Gnade« ausgedrückt, komprimiert und entfaltet.

Wir sehnen uns nach Gnade, wir würden ohne Gnade der letzten Hoffnung unseres Lebens beraubt. Wir leben von der Gnade. Darum ein herzliches Willkommen zum ersten Grundpfeiler der Reformation: allein die Gnade. (JM)

# – TAG 2 –
# WAHRE GRAZIE

Dürfte ich nur ein Wort des Glaubens wählen, ich nähme die Gnade. In dieser erfolgsverwöhnten, selbst optimierten Zeit, in der Scheitern um jeden Preis vermieden werden muss. Hier steckt für mich das wichtigste Protest-Potenzial des Protestantismus. Er widerspricht der Gnadenlosigkeit. Geiz ist nicht geil, Gnade ist großartig. Menschen sind nicht nur Nummern, sie haben Namen. Nicht allein, was wir leisten, gibt uns Wert. Nicht dass wir kaufen, horten, bauen, begründet unsere Würde, sondern dass wir ins Leben geliebt wurden. Dass wir in Beziehung leben, zu uns selbst, zu anderen, zu dieser Welt und zur Anderswelt, stiftet Sinn in unserem Leben.

Klug und gerne klüger, gescheit und noch gescheiter,
höher, schneller, weiter auf der Karriereleiter.
Wenn er fällt, dann? Mails checken.
Auch mal wieder joggen. Das dann später bloggen.
Immer rege, der Stratege, Imagepflege.
Die Frisur, die Figur, die Statur.
Wochenplan, Größenwahn, nix spontan.

Lange schon kein Schlendrian.
Autobahn, Autobahn, Autobahn.

Deutschlandfunk, Afghanistan.

Ganz weit weg und weiter.

Wenn er fällt, dann? Baldrian.

Telefon, wieder Mutter, schriller Ton, kenn ich schon.

Explosion, Freiheit – eine Illusion.

Eine Ahnung: dass das hier nicht alles ist.

Dass du ganz schön was vermisst.

Trug, Betrug, Betrüger, klug wär schön,

nur klüger als jetzt und hier.


Atemnot, schwere Not, Sod, Sodbrennen.

Flennen, rennen, pennen für vier Stunden in der Nacht,

Wecker gerne umgebracht.

Deine neue Quote, viele Angebote.

Noch ein bessres Angebot.

Du bist dein eigener Despot.


Ampel rot.

Unterbrechung, Pause, Zeit für eine Flause.

Doch verpasst, ungenutzt, Idiot.

Zurechtgestutzt.

Wieso geht das nicht schneller?

Flotter, rascher, stets erpicht,

grüner wird es nämlich nicht.

Du bist schließlich tüchtig.

Süchtig, sehn, sehn, süchtig.


Erster Gang und weiter.

Wenn er fällt, dann? Geld verdienen.

Dienen, dienen, dienen.

Den Terminen, großer Druck.

Noch ein Schluck, starker Kaffee, dann ruck, zuck.

Zuck zusammen, 20 Uhr, schon.

Die Tortur mit Bravour, allerhöchste Konjunktur.

Nur, nur, nur – wo bleibt die Zeit?

Sonnig, wolkig, heiter, reiß dich zusammen, weiter.

Wenn er fällt, dann? Schreit er!

Aus proppenvoller Kehle:

Sieht niemand, dass ich fehle?

Dass ich nur noch stehle – Zeit und meine Seele?

Dass ich nicht mehr schenke, mich nicht mehr bedenke?

Nicht mehr liebe, mich nicht lieben lasse?

Dass ich nur noch ...


Weiter.

Sonderschicht, Leistungspflicht, Selbstgericht.

Genuss, Verzicht – leider nicht im Gleichgewicht.

Im Radio Bob Dylan.

Unterbrechung.

»How many roads?«

Und du denkst an deine Gitarre, die alte Gibson.

An Feuer, Sternenhimmel, die erste große Liebe.

Du hast lange nicht mehr gesungen.

Du wolltest immer ein Kind – haben, hüten, sein.


Weiter. Stau.

Leisten kann ich mir das nicht.

Sonderschicht, Leistungspflicht, Dämmerlicht, Naturgedicht.

Schlicht ergreifend, selig Sicht:

Abendrot.

Unterbrechung, Pause. Zeit für eine Flause.

Kurz wünschst du dir ein paar Flügel – bis ans Meer.

Ein Pferd und keine Zügel.

Musik, ein Kuss, mal kein Muss.

Du am Strand, der Reiter.

Aber du musst weiter.

Bist nicht gerne Zweiter.

Wenn er fällt, dann? Ampel, Dylan, Abend, rot – eigner Tod?!


Unterbrechung, Halten.

Atmen, Runterschalten.

Lernen von den Alten:

Ruhe, Hände falten.

»Lehre mich bedenken, dass ich endlich bin.

In deine Lieb versenken, dass ich endlich bin.

Deute uns aufs Wesentliche hin.

Weisheit, fette Beute, mach uns klug.

Klug genug für heute.

Dass ich endlich bin.

Dass wir zufrieden leben.«


»Lehre uns, unsere Tage zu zählen,

damit unser Herz Weisheit gewinnt.

Lass uns aufatmen.

Am Morgen sättige uns mit deiner Freundlichkeit,

dass wir uns erfreuen an allen unseren Tagen.«


(Psalm 90,12.14; eigene Übersetzung)


Dürfte ich nur ein Wort des Glaubens wählen, ich nähme die Gnade. In gnadenlosen Zeiten, in denen Erfolg uns alles diktiert. Im Job. Zu Hause. Unser Wille muss funktionieren. Unser Körper. Auch unsere Gemeinde, unser Glaube.

Ich wähle die Gnade. Denn sie wählt immer wieder mich. Sie macht mir klar, dass ich endlich bin. Sie hilft mir, in meine Begrenztheit einzuwilligen. Sie liebt mich in meinen Niederlagen und mit meiner Schwäche. Sie sieht meine Fehler freundlich an. Sie begleitet mein Leben und mein Sterben. Sie erinnert mich täglich daran, dass ich mich nicht selbst retten muss.

Gnade ist Geschenk.

Lateinisch *gratia*. Ich verdanke mein Leben nicht mir selbst. »Alles, was ich weiß, weiß ich von einem andern« (Herman van Veen). Alles, was ich bin und habe, und den Namen, den ich trage, verdanke ich anderen.

Gnade ist Gabe.

Griechisch *charis*. Begabung. Etwas, das ich mir nicht nur mit Fleiß und Preis erklären kann. Was Gabe ist, kann ich nicht organisieren, planen, kaufen.

Gnade ist Solidarität.

Hebräisch *chesed*. Das Extra der Güte. Großzügige Nachsicht. Wenn jemand mehr tut, als er muss. Ohne zu klagen. Ohne Rechnung. Ohne Verpflichtung. Weitherzig. Der Busfahrer, der wartet. Die Lehrerin, die Geduld hat. Der Banker, der ein Auge zudrückt. Die Prüfung, die nachgeholt werden kann. Die Zeugin, die mich entlastet. Der Nachbar, der für mich eintritt. Die Chance, mit allen Fehlern weiter in Gemeinschaft leben zu können. Treue trotz allem.

Gnade ist Zukunft.

Begnadigung. Freispruch. Die Freiheit der offenen Zukunft. Das Recht, ein anderer Mensch zu sein. Nicht für immer festgelegt zu werden – auf meine Vergangenheit, auf das, was ich getan habe und mir habe antun lassen. Gnade eröffnet eine neue Zukunft.

Gnade ist Bund.

Gnade ist weit mehr als der persönliche Zuspruch. Sie ist umfassende Verheißung. Eine weltverändernde Größe. Es geht nicht nur darum, dass Gott mir privat und individuell gnädig ist, sondern Gnade ist Gottes Blick, Gottes Tun, Gottes Engagement für diese Welt. Gott kommt mit seiner Schöpfung zum Ziel. Gnade ist Gottes Gerechtigkeit, die allem Leben zu Recht hilft. Gnade ist Gottes Versprechen, Gottes verbindliche Art gegenüber Familie Mensch.

**Gnade ist Gottes Gerechtigkeit,
die allem Leben zu Recht hilft.**

Gnade ist Grazie.

Sie verleiht mir Anmut. Sie macht mich zur Schenkerin. Sie macht mein Herz weich. Sie legt Glanz in meine Augen. Ich höre: »Alles ist gut«, und kann den Blick wieder heben. Mich wieder trauen, zu leben.

Gnade ist eine sympathische Begleiterin.

Sie ist sonntäglich und alltagstauglich. Sie geht mit in den Montag. Sie ist mittwochs gut drauf. Sie hat am Freitag noch Energie. Sie vergewissert sich am Sonntag. Denn wenn wir Gottesdienst feiern, dann kommen wir nicht zusammen, weil wir perfekt sind. Sondern wir kommen mit unseren Brüchen und Verletzungen. Mit unserer Verzweiflung, Schuld und unserem Unglauben. Mit Ängsten. Mit unserer Sehnsucht. Sehnsucht.

Gnade ist die offene Tür.

Lücke in der Mauer. Ausweg. Ich muss nicht funktionieren. Ich darf leben. Ich darf müde sein. Ich darf vergessen. Ich darf passiv sein. Ich muss nichts beweisen. Ich bin geliebt, einfach, weil ich da bin. Ich habe keine Eintrittskarte? Ich darf dabei sein. Keine gültigen Papiere? Ich bekomme Bleiberecht. Den Test nicht bestanden?

Ich gehöre doch zu den Erwählten. Das Codewort fällt mir nicht ein? Die Tür öffnet sich.

Gnade ist das erlösende Wort.

Du bist frei. Ja, ich will. Erzähl mal. Sie dürfen gehen. Bleib doch. Lass mich mal sehen. Sie haben Ihr Ziel erreicht. Geschafft. Geheilt. Alles ist gut. Gerettet.

Gnade ist eine Kraft.

Sie wirkt. Fasziniert. Beseelt uns. Sie schenkt Zeit. Sie ist die Gegenkraft zu Leistung, Optimierung, Effizienz, Profit. Sie überwindet Grenzen, Abgrenzung und Urteile. Sie ruft uns in die Freiheit.

Gnade ist Glück.

Sie suchen? Die Gnade sagt Ihnen: Du bist schon gefunden. (CB)

# – TAG 3 –
# MEIN LUTHERERLEBNIS

Wann immer ich auf der A4 Richtung Dresden unterwegs bin und an Eisenach vorbeifahre, läuft mein Lebensfilm rückwärts. Dorthin, wo Martin Luther vor 500 Jahren eine wesentliche Epoche der Reformation seiner Weltanschauung und seines gesamten theologischen Denkens erlebt und erlitten hat. Kaiser Karl V. hatte Luther nach seinem mutigen Auftritt vor dem Reichstag in Worms zum Ketzer erklärt, aber er hatte ihm freies Geleit zugesichert. Er war vogelfrei, jeder hätte ihn beseitigen können. Als Luther am 4. Mai 1521 nahe Eisenach überfallen und entführt wurde, wusste er nicht, dass dieser Überfall nur fingiert war, um ihn im Auftrag Friedrichs des Weisen vor den Mordabsichten Dritter zu schützen.

Luther wurde auf die Wartburg zu Eisenach gebracht, wo er im Schutz dieser imposanten Festung das Neue Testament in die deutsche Sprache übertrug. Die einfachen Leute – ohne lateinische Sprachkenntnisse – sollten mündige Leser der Bibel werden. In nur drei Monaten stellte er dieses anspruchsvolle Projekt fertig. Im Frühjahr 1522 wurde das Werk in Druck gegeben und im September kam es ohne Nennung des Übersetzers in die Hände der wenigen, die damals lesen konnten. Die Erstauflage betrug 3000 Stück und war innerhalb kürzester Zeit vergriffen. Luther hätte allen

Grund zur Niedergeschlagenheit gehabt, aber er resignierte nicht, sondern signierte, schrieb, kennzeichnete.

Genau dort zittert sich 500 Jahre später ein unbedeutender Theologe aus der sicheren Festung seines erfolgsverwöhnten Lebens in die bis dahin gänzlich fremde Welt einer chronischen Erkrankung. Mein Burgerlebnis. Erste Bekanntschaft mit dem unangenehmen Herrn Parkinson, der Schüttellähmung, die nicht nur meinen Körper schütteln sollte, sondern auch meine Seele und meinen Geist mitsamt dem so sicher geglaubten theologischen Fundament.

»Ein feste Burg ist unser Gott, ein gute Wehr und Waffen.« Vielleicht hatte Luther das Bild der Festung Wartburg vor Augen, als er diesen Klassiker der Kirchenmusik irgendwann zwischen 1521 und 1530 schrieb. Anlass für den wuchtigen und triumphalen Text war entweder die heranziehende Pest oder die heranziehenden osmanischen Invasoren. Wenn heute alle Strophen dieses trotzigen Klassikers inbrünstig geschmettert werden, wird mir bei einem bestimmten Vers immer ganz seltsam zumute. Mir fällt es schwer, die folgende Strophe zu singen:

Nehmen sie den Leib,
Gut, Ehr, Kind und Weib:
Lass fahren dahin,
sie haben's kein' Gewinn,
das Reich muss uns doch bleiben.

Nein, diese starken Lippenbekenntnisse sind nicht durch meinen kleinen Glauben gedeckt. Da schweige ich lieber betreten. Vielleicht bin ich in zehn Jahren so weit, dass ich Gott singend bitte, mir meinen Zitterleib abzunehmen. Luther verkörpert geradezu diese »feste Burg« – ich nicht. Für mich war das Wartburgerleb-

nis der Anfang einer zunehmend brüchigen Lebensfestung. Wart'
Burg, ich will die Lektion lernen, die mir in deinen Mauern gestellt
wurde.

**Wart' Burg, ich will die Lektion lernen,
die mir in deinen Mauern gestellt wurde.**

Von der historischen Wartburg zurück zur Wartburg als Filmkulis-
se. Wir produzieren eine Bibelgesprächsserie über den Römerbrief.
Die ersten sechs Folgen sind im Kasten. Um Mitternacht schlurfe
ich müde über die dicken Teppiche des altehrwürdigen Hotels. Ich
bekomme die Füße nicht mehr richtig hoch. Man hört mich kommen und gehen. Ich fühle mich von allen beobachtet.

Beim Mittagessen zittert die ganze linke Seite. Reis und Nudeln
fliegen erstmals aus halber Höhe von der Gabel. Fleisch und festko-
chende Kartoffeln sind kein Problem. Da kann man zustechen, aber
drei Erbsen auf einer Gabel zu balancieren, das ist Tischakrobatik
der gehobenen Klasse. Ab jetzt wird Reis nur noch mit dem Löffel
verspeist. Was macht bloß ein an Parkinson leidender Asiate mit
seinen Stäbchen? Richtig, er nimmt sie, um den Ofen anzuschüren.

In jenen Nächten steht erstmalig das Gespenst namens »Morbus
Parkinson« an meinem Bett und grinst mich höhnisch an. Ich weiß
nichts über die Krankheit, aber ich weiß, dass ich sie habe, besser:
dass sie mich hat. Ich schlafe mit Panik ein und wache mit Panik
auf. In vier Tagen sind zwölf Folgen im Kasten. Die Regie ist trotz
meiner Zitterpartie zufrieden.

Mit dem beklemmenden Gefühl, dass der Rest meines Lebens
von diesem Wartburgerlebnis bestimmt sein wird, fahre ich durch

die wunderschöne Winterlandschaft des Thüringer Waldes zurück nach Marburg. Diese Strecke ist die junge Witwe Elisabeth von Thüringen im Jahr 1228 mit ihrer Magd Guda und ihren beiden Kindern von der Wartburg bis nach Marburg gelaufen, um sich dort um die Schwachen und Kranken zu kümmern. Das heute so selbstverständliche Hospitalwesen geht auf die »heilige Elisabeth« zurück, auf ihr Mitleid mit den Armen und ihre leidenschaftliche Hingabe an die Verwahrlosten ihrer Zeit. Jedes Mal, wenn ich an Eisenach vorbeifahre, bin ich im Geist bei dieser starken Frau, die infolge der unzureichenden hygienischen Bedingungen bereits im Alter von 24 Jahren starb. Sie hat sich für ihre Patienten restlos verzehrt, aber ihr Lebenszeugnis steht mir täglich vor Augen, wenn ich auf dem Weg zur Arbeit die nach ihr benannte Elisabethkirche sehe. Das soll im letzten Lebensviertel auch mein Bestreben sein: von der Gnade Gottes überwältigt, Menschen wohlzutun, die in ihrem Leben viele Gründe hatten, an der Gerechtigkeit Gottes zu zweifeln. Vielleicht nicht so streitbar und fundamental wie der große Reformator Martin Luther, aber ganz im Sinne eines ihm zugeschriebenen Textes:

Mir ist es bisher wegen angeborener Bosheit und Schwachheit unmöglich gewesen, den Forderungen Gottes zu genügen. Wenn ich nicht glauben darf, dass Gott mir um Christi willen dies täglich beweinte Zurückbleiben vergebe, so ist's aus mit mir. Ich muss verzweifeln.

Aber das lass ich bleiben. Wie Judas an den Baum mich hängen, das tue ich nicht. Ich hänge mich an den Hals oder Fuß Christi, wie die Sünderin. Ob ich auch noch schlechter bin als diese, ich halte meinen Herrn fest.

Dann spricht er zum Vater: Dies Anhängsel muss auch
durch. Er hat zwar nichts gehalten und alle deine
Gebote übertreten, Vater, aber er hängt sich an mich.
Was will´s? Ich starb auch für ihn, lass ihn durch-
schlüpfen. Das soll mein Glaube sein.

Ich lerne zu akzeptieren, dass ich das Muskelmanagement künftig
mit diesem üblen Genossen namens Parkinson teilen muss, aber
ich weiß auch um die Sperrbezirke, in die er nicht vordringen darf.
Doch richtig sicher bin ich mir auch da nicht. Umso überzeugter
kann ich allerdings im Rückblick auf mein Wartburg-Trauma mit
Luther bekennen:

Und wenn die Welt voll Teufel wär
und wollt uns gar verschlingen,
so fürchten wir uns nicht so sehr,
es soll uns doch gelingen!

Könnte es sein, dass alle nachhaltigen Reformen von Reformern
getragen werden, die gar keine Reformation angestrebt haben, sondern schlicht und einfach den Gehorsam des Glaubens gelebt haben?
Ob es eine Reformation war, mag die Nachwelt beurteilen. Wenn
nur jeder an seinem Abschnitt treu seine Arbeit tut und auch ohne
Applaus fröhlich motiviert bleibt, dann könnte der christliche Glaube von der Harmlosigkeit befreit werden, mit der heute oft in die
Welt blickt. Geheilt muss man dazu nicht sein, aber heil. Dann werden die Akzente neu gesetzt. Wer die Gnade Gottes erlebt hat, kann
selbst Gnade walten lassen. Das ist meine Herzensreformation. (JM)

**Wer die Gnade Gottes erlebt hat,
kann selbst Gnade walten lassen.**

## EXTRA:
## WARUM ICH DIESE STROPHE
## NICHT SINGEN KANN

Ich singe gern. Und es singt aus mir heraus, wenn alle um mich herum singen. Da werde ich mitgezogen und ertappe mich immer wieder als gedankenloser Mitsänger.

Ich erinnere mich an eine große Glaubenskonferenz in Mittelfranken, zu der ich als Referent eingeladen war. Aus 2000 Kehlen wurde das wunderbare Osterlied von Friedrich Traub »Jesus lebet, Jesus siegt« inbrünstig geschmettert. Ein erhebendes Gefühl, in solch einem Chor mitzusingen. Neben mir saß ein offensichtlich zufällig dazugekommener Gast. Er wusste nicht, wann man aufsteht und wann man sich wieder hinsetzt, keiner hatte ihm die Rituale erklärt, aber er saß neben mir in der ersten Reihe. Dann kam die Strophe: »Er verlor noch keine Schlacht und wird nie verlieren, denn mit unbegrenzter Macht kann er Kriege führen!« Während ich diese Worte offensichtlich geistig abwesend mitsang, stieß mich mein Platznachbar an und fragte mich verwundert, was wir da singen würden. Erst da fiel mir auf, was ich gerade singend rausposaunt hatte. Ich erklärte ihm, dass es gemäß der geistlichen Waffenrüstung des Apostels Paulus um geistliche Kriegsführung gehe. Aber auch diese Erklärung bedurfte weiterer Erläuterungen und mir wurde sichtlich unwohl. Welch ein fragwürdiger Text, welch ein kriegerisches Gottesbild! Das Lied stammte offensichtlich aus einer Zeit, in der Kriege noch etwas durchaus Schönes waren. Vielleicht hatten sich in die geistliche Zielsetzung des Autors auch ein wenig nationalistische Gefühle eingeschlichen.

Genauso geht es mir, wie gesagt, bei Martin Luthers »Ein feste Burg ist unser Gott« mit der vierten Strophe, und zwar der zweiten Hälfte: »Nehmen sie den Leib, Gut, Ehr, Kind und Weib: Lass fahren dahin, sie haben's kein Gewinn ...«

Irgendwann habe ich aufgehört, diese Strophe mitzusingen. Ich kann sie leise vor mich hin stammeln, zaghaft rezitieren, wohl wissend, was Luther damit meint. Aber ich kann dieses Bekenntnis nicht pausbäckig rausposaunen. Nein, Gott möge mir bitte nicht meinen Leib, mein Hab und Gut, meine Ehre, meine Frau und meine Kinder nehmen. Luther konnte das bekennen. Ich nicht. Manchmal ist Schweigen Gold. Passen Sie auf, was Sie singen! (JM)

# – TAG 4 –
# GNADE – EINE
# GEGENBEWEGUNG

Martin Luther hat um die Gnade gerungen. Ich versuche, mich in ihn hineinzudenken. In seine Zeit, seine Prägung, seine Situation. Aber ich kenne seine Frage nicht: »Wie bekomme ich einen gnädigen Gott?« Ich kenne seine Angst nicht: »Wird Gott mich ewig strafen, vernichten?« Ich kenne diesen Druck der Seele nicht. Dieses Ringen ist mir persönlich fremd. Was ich kenne, ist etwas anderes:

Ich meine manchmal, mich vor Menschen rechtfertigen zu müssen. Wenn ich ihre Erwartungen nicht erfülle. Wenn ich nicht in ihr Bild passe. Wenn ich Hoffnungen enttäusche. Wenn ich Chancen verpasse. Menschen lieblos behandle. Ich kenne daher die Frage: »Wie bekomme ich gnädige Geschwister? Gnädige Freunde? Gnädige Mitmenschen?«

Ich meine manchmal, mich vor der ganzen Welt rechtfertigen zu müssen. Vor der Gesellschaft. Vor ihren Meinungen, Idealen und Moden. Ich kenne die Frage: »Wie überlebe ich in gnadenloser Zeit?«

Ich kenne auch die Erfahrung, etwas vor mir selbst rechtfertigen zu wollen. Manchmal belüge ich mich. Manchmal werbe ich um mich und versuche, mich zu überzeugen. Ich kenne die Frage:

»Wie bekomme ich ein gnädiges Spiegelbild? Einen gnädigen Jahresrückblick?«

Ich kenne außerdem die Stimme meines Gewissens. Ich kenne Schuld und Schuldgefühle und versuche, die beiden zu unterscheiden. Ich kann mich anklagen. Ich weiß, dass zwischen meinen Idealen und meiner Wirklichkeit eine Lücke ist. Sie tut mir weh.

Luthers Gott erscheint mir drohend. Finster. Brutal. Willkürlich. Grimmig. Als strenger Richter. Ein Herrscher mit Launen.

Ich vertraue: Gott liebt mich. Gott ist barmherzig. Gott ist die große, ewige Liebe, zu der ich aufschaue. Die Liebe, in der ich mich berge. Eine gute Atmosphäre des Vertrauens. Die große segnende Kraft. Sichtbar, Bild geworden in Jesus von Nazareth.

Als ich konfirmiert wurde, bekam ich zum Segen einen Vers aus der Bibel zugesprochen: »Denn es sollen wohl Berge weichen und Hügel hinfallen, aber meine Gnade soll nicht von dir weichen und der Bund meines Friedens soll nicht hinfallen, spricht der HERR, dein Erbarmer« (Jesaja 54,10). Gott ist barmherzig. Die Treue. Gott schenkt Frieden. Er ist nicht launisch, wackelt nicht, weicht nicht.

Als ich später Hebräisch lernte und diesen Vers im Original las und übersetzte, entdeckte ich das Wort רָחַם, râcham. Erbarmen, Erbarmer. Die Barmherzigkeit ist im Deutschen eine Fähigkeit des Herzens, im Hebräischen aber sitzt sie im Mutterschoß. Es ist die Zuneigung, die eine Mutter für ihr Kind empfindet, das sie empfangen, in sich getragen, gespürt und geboren hat. Gott tröstet wie eine Mutter. Zärtlich und zugewandt. Verständnisvoll. Sie kämpft auch. O ja! Sie ist nicht etwa harmlos, ihre Liebe ist wie Feuer. Sie hat Kraft. Sie ist zäh, sie hält durch. Sie verteidigt. Es ist ihr erster Impuls. Sie will retten. Sie gibt ihren Schatz nicht preis. Sie stillt ihr Kind, nährt es, hält es, lässt es wachsen. Sie ist stolz, ermutigt, gibt Weisungen, teilt Erfahrungen, hört zu, bezieht ihr Kind mit ein. Liebt die Entwicklung, die Mündigkeit.

**Barmherzigkeit ist im Deutschen eine Fähigkeit des Herzens, im Hebräischen aber sitzt sie im Mutterschoß. Es ist die Zuneigung, die eine Mutter für ihr Kind empfindet.**

Martin Luther hat um die Gnade gerungen, zum Beispiel in seinem Beichtgebet:

> Allmächtiger Gott, barmherziger Vater! Ich armer, elender, sündiger Mensch bekenne dir alle meine Sünde und Missetat, die ich begangen mit Gedanken, Worten und Werken, womit ich dich erzürnt und deine Strafe zeitlich und ewiglich verdient habe. Sie sind mir aber alle herzlich leid und reuen mich sehr, und ich bitte dich um deiner grundlosen Barmherzigkeit und um des unschuldigen, bitteren Leidens und Sterbens deines lieben Sohnes Jesus Christus willen, du wolltest mir armem sündigen Menschen gnädig und barmherzig sein, mir alle meine Sünden vergeben und zu meiner Besserung deines Geistes Kraft verleihen.

Auch bei Luther ist Gnade eine Beziehungskategorie. Aber seine Bilder ziehen mich in eine Gerichtsverhandlung. Es herrscht juristischer Jargon. Gott prozessiert gegen den Menschen. Erbringt den Schulderweis. Urteilt. Straft. Rechnet das Strafmaß aus. Droht. Begnadigt. Schickt den Geist als Bewährungshelfer. Die Bibel ist ein Gesetzbuch. Der Mensch gelobt Besserung. Ist passiv. Hat zu seiner Entschuldigung nichts vorzubringen. Auf einen Freispruch kann niemand hoffen. Auch seinen Anwalt scheint er nicht zu kennen.

Ich kenne Versagen und Ansprüche. Hübsch sollen wir sein. Schlank. Jung aussehen. Uns fit halten. Gerade stehen. Mangelnde Schönheit und Gesundheit sind persönliches Versagen, denn sie gelten in vieler Hinsicht als machbar. Erfolgreich sollen wir sein. Klug wirtschaften. Uns gut verkaufen. Organisiert sein. Vernetzt. Pünktlich. Selbstoptimiert. Dabei fröhlich. Wir sollen Lebensfreude ausstrahlen. Uns begeistern lassen. Arbeiten sollen wir. Und Familie haben. Die Kinder müssen geraten, die Karriere gelingen. Wir sollen funktionieren. Wir sollen perfekt sein.

Aber wir sind es nicht.

Gnade ist die Gegenbewegung zum Perfektionismus. Sie ist die gute, gütige Kraft. Ich erlebe sie in Beziehungen. Sie zieht mich in den familiären Raum von Vertrauten. Egal, was ich tue. Egal, was ich mir antun lasse. Auch wenn ich versage. Wenn ich nicht gut bin, nicht stark, nicht klug, nicht schön. Wenn ich mies bin, undankbar, arrogant, bequem, kalt, hässlich, gleichgültig, verlogen, eitel, feige.

**Gnade ist die Gegenbewegung zum Perfektionismus.**

Und wenn ich irgendwann nicht mehr kann und sterbe: Die Gnade weicht nicht von meiner Seite. Sie steht immer hinter mir. Steht zu mir. Auch wenn ich die Ansprüche der anderen und meine eigenen nicht erfülle, schätzt Gott mich. Grundsätzlich. Immer. Bedingungslos. Verleiht mir Würde. Schenkt mir Anerkennung. In Gottes Blick liegt Wärme. Die Beziehung zwischen uns ist voller *râcham*, voller Barmherzigkeit einer Mutter, die sagt: »Du bist meine geliebte Tochter.« Diese Stimme ist die Stimme der Gnade. Sie zu hören, ist Glück. Bedeutet Freiheit für mich. Ihr zu vertrauen, ist heilkräftig. Sie verleiht mir Stärke. Sie lässt mich lieben – Gott, die anderen und mich selbst.

Gnade ist Geschenk. Dabei beschenkt Gott nicht von oben herab, macht mich nicht zur bloßen Empfängerin, sondern beteiligt mich. Ich bin gefragt. Ich willige ein. Ich bin erwachsen. Ich packe das Geschenk mit aus. Ich teile, was ich geschenkt bekommen habe. Gottes Gnade meint mich, macht mich aktiv. Unsere Geschichte ist verwoben ineinander. Gott ist nicht ohne Menschen zu denken, Menschen nicht ohne Gott. Mein geliebter freier Wille ist geliebt und frei. Und Gott, Souverän und HERR, will mich. Will lieben. Will schenken. Ex amore, aus Liebe wurde ich geschaffen, von Liebe bin ich gehalten, in Liebe werde ich vollendet werden. Darauf vertraue ich. (CB)

## EXTRA:
## AUS LUTHERS LEBEN 1

### EIN KIND

Die Großen der Geschichte haben angefangen wie alle, als Kleine. Martin Luther, ein Kind, ein Junge, Sohn seiner Eltern. Er hat laufen gelernt, sprechen. Wurde getauft und nach dem Namensheiligen des Tages »Martin« benannt. Der barmherzige Martin, der seinen Mantel mit einem armen, frierenden Mann teilte. Er erlebte seine Kindheit in Mansfeld, einem Städtchen in Sachsen. War wohl der Älteste und wuchs mit vielen Geschwistern auf, neun waren es wahrscheinlich. Als

Schulkind besuchte er die Magdeburger Domschule, ein guter Latein-Schüler. Er studierte in Erfurt die »sieben freien Künste«: Grammatik – noch mehr Latein, in Rede und Schreibe. Rhetorik – Redestil – und Dialektik – schlüssiges Argumentieren. Beides hat ihm sicher später sehr geholfen. Arithmetik und Geometrie – Rechnen und Messen. Dazu Musik – in Theorie und Praxis, oft am Beispiel der Kirchenmusik. Und Astronomie – Himmelskörper, Sphärenlehre und die Wechselbeziehung zwischen Himmel und Erde. Luther wurde gebildet. Mit Rute, Tafel und Griffel, Rechenbrett, Zirkel und Instrumenten. Das alles waren Fächer, die auf weitere Studien vorbereiten sollten. Jura zum Beispiel. Das wünschte sich sein Vater. Aber es kam anders.

## EINE UNTERBRECHUNG

Zwischen Elternhaus und Studienort, väterlichen Wünschen und eigenen Fragen, auf dem Rückweg von Mansfeld nach Erfurt wurde Martin Luther von einem Gewitter überrascht. Der geplante Lebensweg wurde unterbrochen. Blitz und Donner ängstigten ihn so sehr, dass er inniglich betete, flehte und ein Gelübde ablegte. Im Sinne von: »Wenn du mir hilfst und ich überlebe, gehöre ich dir.« Seine Todesangst bewirkte, dass Martin Luther Mönch wurde. (CB)

# – TAG 5 –
# GNADE DIR GOTT –
# EIN TRAUM

Peter Simon wusste selbst nicht, wie er zu diesem Job gekommen war. Nach Jahren der beruflichen Orientierungslosigkeit war er einfach nur froh, wieder eine Aufgabe gefunden zu haben. In seinen wilden Jugendjahren war er auf hoher See gewesen. Als sie eines Tages im Hafen lagen, war dieser Typ aufgetaucht, so ein Weltverbesserer, und hatte ihn überzeugt, mit ihm zu ziehen. Wie verrückt musste er damals gewesen sein, dass er sich auf diese Tour eingelassen hatte! So waren sie einige Zeit miteinander unterwegs. Sie hielten Vorträge über die neue Welt und eine bessere Zukunft, sie kümmerten sich um Behinderte und Benachteiligte, um Minderheiten und Flüchtlinge. Das war das Leben, was er immer gesucht hatte.

Aber schon nach ein paar Jahren ging das ganze Projekt den Bach runter. Der Teamchef wurde umgebracht, weil er die religiöse und politische Führung kritisiert hatte. Nach diesem Desaster zerstreuten sich die Assistenten. Aus der Traum von einer besseren Welt. Peter Simon tauchte mit seinen Kommilitonen schließlich unter.

Eines Nachts träumte er von einer neuen Berufung. Er wäre Pförtner einer Weltorganisation für Gerechtigkeit und Frieden geworden. Unzählige Scharen von Menschen zogen an ihm vorbei in das große Auditorium: Schwarze und Weiße, Arme und Reiche, Schöne und Hässliche, Gerechte und Sünder, Starke und Schwache, Junge und Alte, Frauen und Männer, Homos und Heteros, Dicke und Dünne, Moderne und Konservative, Gelehrte und Halbgebildete, Aufrechte und Gebeugte, Gesunde und Kranke, Demütige und Hochmütige, Romantiker und Handfeste, Trendsetter und Nostalgiker, Kleriker und Laien.

Irgendwann gelang es ihm, einen Blick in das überfüllte Auditorium zu werfen. Auf der Bühne stand ein Priester namens Jeschua, hinter ihm ein Engel. An seiner Seite hatte sich ein ausgesprochen unangenehmer Typ postiert, der ihn verklagen wollte. Da sprach der Engel zu diesem Menschenverächter: »Gott schimpft dich, du Satan! Scher dich zum Teufel, du Hetzer und Verleumder! Ja, Gott schimpft mit dir. Ist dieser Priester nicht wie ein Stück glühendes Holz, das im letzten Moment aus dem Feuer gezogen wird?«

Peter Simon war von dieser Szene gebannt und verunsichert. Aufgewühlt versuchte er, nichts zu verpassen. Da wurde sein Leben gespielt! Doch es gab noch eine zweite Szene: Der Priester Jeschua war total verdreckt, sein Talar war furchtbar besudelt. Da sprach der Engel zu denen, die vor ihm standen: »Zieht ihm die schmutzigen Klamotten aus!« Und er sagte zu ihm: »Schau dir das an! Ich nehme deine Sünde von dir und lasse dich mit festlicher Garderobe einkleiden!« Und er fuhr fort: »Setzt ihm ein reines Stirnband auf den Kopf!« Und sie setzten ihm ein reines Stirnband auf den Kopf und zogen ihm frische, saubere Kleider an. Dann sprach der Engel zum Priester Jeschua: »So spricht der Herr: Wirst du auf meinen Wegen gehen und meinen Dienst ordentlich versehen, so sollst du mein Haus regieren und meine Gärten und Höfe bewahren. Und ich verspreche dir, dass du jederzeit Zugang zu mir haben wirst, du wirst nie abgewiesen werden! Das gilt auch für die, die zu dir gehören.«[1]

**Ich verspreche dir, dass du jederzeit Zugang zu mir haben wirst, du wirst nie abgewiesen werden!**

Peter Simon ging zurück an seinen Platz und sah wieder die Menschen in Scharen ins Auditorium ziehen. Jetzt erst hörte er ein leises Lied auf den Lippen der Einzelnen. Sie sangen still und ehrfürchtig:

Christi Blut und Gerechtigkeit,
das ist mein Schmuck und Ehrenkleid,
damit will ich vor Gott bestehn,
wenn ich zum Himmel werd eingehn.

So will ich, wenn ich zu ihm komm,
nicht denken mehr an gut noch fromm,
sondern: Da kommt ein Sünder her,
der gern fürs Lösgeld selig wär.

Solang ich noch hienieden bin,
so ist und bleibet das mein Sinn:
Ich will die Gnad in Jesu Blut bezeugen
mit getrostem Mut.[2]

Peter Simon war ergriffen und erschüttert von dieser Szene. War das alles nur ein Traum? Oder hatte er tatsächlich in den Himmel geschaut? Er konnte diese Geschichte nicht für sich behalten, er erzählte sie überall und jedem. Bis er eines Tages in eine sogenannte Bibelstunde geriet, wo fromme Leute sich mit der Frage beschäftigten, wer in den Himmel kommt und wer nicht. Als sie darüber in Streit gerieten, wusste Peter, dass es an der Zeit war, seine Himmelsgeschichte zu erzählen. Und so bat er um Silentium und begann zaghaft zu erzählen. Einige folgten seinen Worten geradezu verzückt, andere schüttelten die Köpfe und runzelten die Stirn.

Einer der älteren Herren warnte mit besorgter Stimme: »In meiner Bibel steht aber, dass es nur ein Entweder-oder gibt.« Und zu Peter gewandt sagte er: »So geht das nicht! Du proklamierst eine billige Gnade!« Peter wusste nicht, wovon die Brüder sprachen. Sie unterstellten ihm, dass er das Evangelium von der Gnade verwässern würde, weil in seiner Himmelsvision alle gerettet würden. Aber Peter Simon konnte nichts anderes berichten als das, was er in diesem Traum gesehen hatte. Bis einer der besorgten Brüder anfing, bei den kleinen Propheten im Alten Testament zu blättern. Die Sache mit dem glühenden Kaminholz hatte er schon mal gelesen, das kam ihm bekannt vor. Auch das mit den Kleidern. Auf einmal rief er aufgeregt: »Ich hab's gefunden!« Es war Wort für Wort die Vision des Propheten Sacharja, die Peter vorgetragen hatte. Da legte sich die Empörung bei den besorgten Brüdern und sie freuten sich mit Peter über die Entdeckung der Gnade. Der ältere Herr meinte gar: »Wenn Gott Gnade walten lässt über unseren bewussten und unbewussten Sünden, dann ist dies eine teure Gnade, keine billige. Es kostet Gott alles und sein Liebstes, um uns wie ein Stück gebranntes Holz aus dem vernichtenden Feuer des Gerichts zu ziehen und uns in Sicherheit zu bringen.« Da wurde den Saubermännern bewusst, dass sie ohne Ansehen der Person in schmutzigen Kleidern vor dem lebendigen Gott stehen und keine Ausrede haben und keine Entschuldigung, ohne Hoffnung auf Amnestie.

**Wenn Gott Gnade walten lässt über unseren bewussten und unbewussten Sünden, dann ist dies eine teure Gnade, keine billige. Es kostet Gott alles und sein Liebstes.**

Und so stehen wir alle irgendwann vor dieser letzten Instanz, in der Gnade vor Recht ergehen wird. Und dann wird uns zugesagt: »Wer will die Auserwählten Gottes beschuldigen? Gott ist hier, der gerecht macht. Wer will verdammen? Christus Jesus ist hier, der gestorben ist, ja vielmehr, der auch auferweckt ist, der zur Rechten Gottes ist und uns vertritt« (Römer 8,33-34)!

So ist unser Leben eine Pilgerreise, die in diese letzte Rechtsverhandlung münden wird. Dort wartet nicht ein vernichtendes Urteil auf uns, sondern uns soll endgültig ultimativ Recht widerfahren, Gerechtigkeit zuteilwerden. Ob es außerhalb unserer mündigen Entscheidungsfreiheit noch Raum für eine Entscheidung für Christus gibt, ist eine der ältesten Fragen überhaupt. Sie ist so alt wie das Evangelium. Wie weit reicht die Gnade des Erlösers Jesus? Bindet sie sich an meine kleine Bekehrungsgeschichte, an meine kümmerliche Entscheidung für Christus, oder ist die Gnade größer als alles, was wir denken können?

Die Gnade hat das letzte Wort.

Darum gilt angesichts der überwältigenden Gnade Gottes: Nicht wir lösen das Problem der billigen Gnade. Unser Wissen bleibt Stückwerk, wir werden die letzten Geheimnisse nicht lüften, bestenfalls die vorletzten.

Als Peter Simon weitergezogen war, fragte Bruder Traugott Bleibe-
treu in der nächsten Bibelstunde: »Wo ist denn Peter Simon?«

Da sprach eine stille, schlichte Schwester: »Peter Simon heißt
eigentlich Simon Petrus. Er wollte uns das *sola gratia* verkündigen,
aber wir waren zu sehr mit uns selbst beschäftigt.« (JM)

# – TAG 6 –
## WAS IST SCHLECHT AN GUTEN WERKEN?

»Religionen sind zu schonen, sie sind für Moral gemacht«, singt Herbert Grönemeyer in seinem Lied »Stück vom Himmel«. Ich mag seine deutsche Lyrik und die rockige Stimme. Eine Stimme, die auch gegen Armut singt. Von Männern, Kindern und vom Menschen. Von Alkohol und Vollmond. Der einlädt: »Komm zur Ruhr«, und meint, es sei »Zeit, dass sich was dreht«. Aber diese eine Zeile macht mir zu schaffen: Religionen – die sind doch nicht für Moral gemacht?! Nicht nur! So wichtig die Ethik ist, es regt mich auf, dass Religion häufig auf Moral reduziert wird oder ihre Vertreter(innen) sich darauf reduzieren lassen.

Ich liebe es, dass Kirche sich in moralische Fragen einmischt. Sie soll. Sie muss. Es ist eine ihrer Aufgaben. Gerechtigkeit, Frieden und Bewahrung der Schöpfung gehören für mich zutiefst zur kirchlichen Identität. Dass sich Kirche öffentlich zum Flüchtlings-Thema äußert, bedeutet mir viel. Ich freue mich, wenn zum Beispiel der EKD-Ratsvorsitzende (sozusagen der oberste evangelische Bischof) zu Gast bei Anne Will ist und öffentlich und profiliert evangelische, christliche Positionen in die Talk-Runde einbringt.

Dietrich Bonhoeffer, evangelischer Theologe und Widerstandskämpfer gegen das Nazi-Regime, mahnte auf einer internationalen Kirchenkonferenz Anfang der 30er-Jahre eindringlich zum Frieden. Der Ökumenische Rat der Kirchen nannte die Massenvernichtungswaffen in den frühen Achtzigern ein »Verbrechen gegen die Menschheit«. Wichtige Meilensteine waren das auf dem Weg der Nachfolge. Wichtige Weckrufe.

Ich denke an ein Gespräch im Supermarkt Anfang der 90er-Jahre. Eine alte Lady stand beim Obstregal mit einem Schild in der Hand: »Kauft keine Früchte aus Südafrika.« Jeden Tag warteten hier Christinnen und sprachen mit den Kundinnen über Orangen und Apartheid. Als bald danach die Gespräche mit Mandela begannen, bedankten sich die südafrikanischen Kirchen auch bei der evangelischen Frauenhilfe in Deutschland für ihr unermüdliches Engagement.

Ich erwarte von Kirche, dass sie ethische Themen einbringt, als Anliegen des Glaubens und der Bibel: Solidarität. Menschenrechte. Gleichberechtigung. Sie muss sich dem Rassismus entgegenstellen, Menschenhandel und sexueller Ausbeutung. Sie soll an die Ebenbildlichkeit aller Menschen erinnern, Schwarz und Weiß, Männer und Frauen. Die Kirche ist Kirche in allen Erdteilen. Sie lobt Gott als Befreier und mischt sich ein, wenn Reisefreiheit, Meinungsfreiheit, Religionsfreiheit gefährdet sind. Sie unterstützt fairen Handel. Ja, ich wäre irritiert, wenn der frische, leckere Kaffee in einem evangelischen Haus nicht fair gehandelt ist. Kirche muss sich äußern zu Waffenhandel und Kriegen, Alternativen aufzeigen und immer wieder zum Frieden mahnen, zum Dialog und zur Verminderung von Kriegsursachen. Sie ist die Anwältin der Versöhnung. Sie unterstützt die Wahrheit, die Pressefreiheit und engagiert sich für einen freien Zugang zu Bildung und Information und für die Teilhabe an Kommunikation. Sie soll sich einsetzen für den Umweltschutz, denn die Erde gehört Gott. Für den Schutz der Artenvielfalt. Für die Kinder, die nächste Generation. Für familiäre Räume. Sie ist Kirche für Alte und Junge, Kranke und Gesunde und Sterbende. Sie soll mitreden über die Grenzen der Medizin, über Lebensbeginn und Lebensende. Ich finde es richtig, dass sie Armut eine Gotteslästerung nennt. Und sich auf die Seiten der Arm-Gemachten und Arm-Gehaltenen stellt. Sich engagiert für Fremde und Geflüchtete. Für Gastfreundschaft. Sie benennt Flüchtlings-Ursachen und steht auf der Seite der Schwachen. Ich finde es richtig, wenn sie dafür aufsteht, dass der Sonntag ein Tag bleibt, der anders ist als die anderen sechs. Sie soll alle diese Fragen nicht den Parteien, Gewerkschaften und anderen Spezialisten überlassen. Kirche und Theologie sollen das Gespräch mit allen Disziplinen und Wissenschaften suchen. Aber. Aber das ist nicht alles. Es geht nicht nur um Ethik, Moral und das gerechte Tun. Ethik alleine reicht mir nicht. Der Glaube bietet noch mehr. Weit anderes.

**Es geht nicht nur um Ethik, Moral
und das gerechte Tun.**

Ich glaube. Weil ich mich nicht aufs Diesseits vertrösten lassen will. Weil ich staunen möchte. Weil ich trotz allem vertraue, dass diese wunderbare Erzählung vom Leben einen Erzähler hat. Weil ich Zukunft nicht ohne Hoffnung denken will. Weil ich für das Leben in dieser Welt Liebe brauche. Radikale Geduld. Eine heilige Grenze, Schutz vor Selbstüberschätzung. Und deshalb feiere ich Sonntag. Die Kirchenjahreszeiten geben meinem Leben den Rhythmus. Gedenk- und Namenstage bewirken Unterbrechung. Die Hymnen des Glaubens zu singen, verleiht mir Mut. Die Bibel ist für mich eine großartige Lehrerin. Ich besuche die Kirche wie eine vertraute Freundin. Im Beten übe ich freie Meinungsäußerung, eine neue Sprache, ohne Zensur. Ich bitte um Achtsamkeit und Kraft. Ich bete auch für andere und erlebe, wie meine Gleichgültigkeit schmilzt. Ich feiere im Advent die Schönheit des Wartens. Ich faste und merke, dass freiwilliger Verzicht satt macht. Ich will auf der Schwelle ins Neue nicht auf Segen verzichten. Das Abendmahl hilft mir, in dieser Welt auf Wandlung zu hoffen. Zu glauben, fasziniert mich mehr als alles, was ich zählen, beweisen und kaufen könnte.

Navid Kermani, deutsch-iranischer Schriftsteller, sagte in einem Interview: »Dieses protestantische Christentum, das ich auf einem Forum des Kirchentags höre oder das mir in der evangelischen Beilage der Zeitung begegnet, mag ja sympathisch sein, aber es lässt mich kalt. Es kommt mir oft wie eine Doppelung dessen vor, was uns der gesunde Menschenverstand ohnehin sagt.« Ich habe gelacht, als ich das las. Weil ich es so treffend fand. Dann habe ich geweint. Weil es mich getroffen hat. Religion ist doch nicht nur für Moral gemacht. Erreicht nicht nur den Verstand. Der Glaube füllt das Herz! Und reicht über die guten Werke weit hinaus.

**Der Glaube füllt das Herz und reicht über die guten Werke weit hinaus.**

Die Kirche feiert das Geheimnis! Gnade. Weihnachten. Passion. Osternacht. Sie feiert die Euphorie des Lebens. Sie stiftet Wundern ein Gedächtnis. Sie trotzt. Sie sammelt Geschichten. Sie ist eine Staunschule. Sie inspiriert. Sie berührt. Der Glaube ist sinnlich. Der Glaube kniet nieder und betet an, bringt zum Schmelzen. Meine Kirche ist ein Dach, unter dem sich meine Seele bergen kann.

Glaube, das ist Klang. Er läutet Glocken. Musik. Bach. Oratorium. Kantate. Orgel, die alle Register zieht und den Raum füllt. Schlagzeug. Chor. Singen. Die Lieder jubilieren, loben und danken. Immer etwas satter und üppiger als die Wirklichkeit. Denn sie hoffen mehr, als wir sehen und haben. Sie stimmen uns ein auf die Anderswelt. Glaube, das ist Duft. Weihrauch. Tanne, Lilie, Rose. Feuer. Licht. Kerzenmeer. Gold. Bunte Fenster. Bilder. Farben. Königsblau. Blutrot. Auferstehungs-Grün. Reines Weiß. Tiefes Schwarz. Menschen, Wolken, Heiligenscheine. Glaube, das ist fremdes Wort, Zuspruch: »Fürchte dich nicht!«, »Dir ist vergeben!«, »Friede sei mit dir!«

Ich denke an eine Erfahrung, die ich in Dortmund machte. Mitten im Ruhrpott, meiner Heimat, in der Innenstadt. Ich betrat die Kirche St. Petri. Klare, helle Weite begrüßte mich. Licht fiel durch die schmalen, hohen Fenster. Der Altar zog mich an. Ein Schnitzaltar. Er wird »Das Goldene Wunder« genannt. Strahlend. Mit hundert filigranen Figuren. Kostbar. Flandrisch. Geschützt von einer großen Glaswand, gestützt von einer Stahl-Konstruktion; alles stimmig. Ich war überwältigt. Es war zum Niederknien beeindruckend. Ich verlor mich in den Details und fand mich wieder in einer großen Ahnung. Wusste: Ich bin gemeint. Fühlte mich als Teil des Bildes, des größeren Ganzen. Ich war beseelt! Es war mystisch. Das war eine Erfahrung purer Gnade. Das war mehr als das, was richtig ist. Mehr als Ethik und Anspruch. Es war heiliger Zuspruch. Ich wurde ohne Zutun in Licht getaucht.

Und von da aus konnte ich weitergehen. So angestrahlt, im Eindruck vom göttlichen Gold, mochte ich selber leuchten, Licht weitergeben, das diese kalte Welt so dringend braucht. Moral ist wichtig, ja! Dabei, zuerst, außerdem, mittendrin und darüber hinaus feiert der Glaube das Geheimnisvolle. Ethik ist wichtig, ja. Aber der Glaube beschenkt mich zuerst. Sich einzumischen in die Gesellschaft, ist unbedingt gefordert. Doch das göttliche Wort spricht uns immer zuerst an. (CB)

# – TAG 7 –
# GNADE IST MACHT, NICHT STRAFE

Beim Nachdenken über die Bedeutung der Gnade für mein Leben habe ich eine interessante Entdeckung gemacht. Gnade ist mein Lebensthema, die tragende Konstante im Auf und Ab meiner Lebensreise. Jetzt verstehe ich, warum Filme, Bilder, Texte, Erlebnisse, Eindrücke und Stimmungen, die mich nachhaltig geprägt haben, alle mit dem Thema Gnade zu tun haben: Sie haben sich tief greifend im Bewusstsein verankert und bleiben daher immer präsent und abrufbar. Sie gehören zu den Schätzen meines Lebens – unwiederbringlich, einmalig und wertvoll.

Das erste Buch meiner Lebensreise, das mich geradezu gefesselt hat, war *Durchs Tor der Herrlichkeit*. Elisabeth Elliot schreibt über das Leben und den frühen und grausamen Tod der fünf Missionare, die das Evangelium zu den Huoroani in Ecuador gebracht haben. Ihr Mann war einer von ihnen. Mein Vater hat mir das Buch als Zehnjährigem »ans Herz gelegt«. Die Witwe einer der Märtyrer hat sich später mit ihrem Kind auf den Weg zu den Mördern ihres Mannes gemacht. Sie hat sich in die Dschungelkultur eingefügt und so auf bewundernswerte Weise das Evangelium der Gnade gelebt.

Ein anderer Botschafter der Gnade ist Nelson Mandela. Nach rund einem Vierteljahrhundert mit Gefängnisaufenthalten und schließlich dem »Verlust« seiner eigenen Frau, die seinen Weg der Gnade nicht mitgehen konnte, überwand er die Apartheid Südafrikas mit Gnade, nicht mit Vergeltung. Das ist für mich eine Illustration des Evangeliums, wie sie kaum eindrücklicher beschrieben werden kann. Doch Apartheid ist nicht totzukriegen. Während ich diese Zeilen schreibe, häufen sich in den USA Fälle von polizeilicher Gewalt: Weiß gegen Schwarz. Unvergessen, wie Barack Obama anlässlich der Trauerfeier in Charleston das »Amazing Grace« angestimmt hat.

In der Welt der modernen Musik ist dieser Gospelklassiker eines der Lieder, das sich bei mir festgesetzt hat. Erst kürzlich hatte ich die Gelegenheit, die Uraufführung des von Andreas Malessa verfassten und von Tore W. Aas komponierten Musicals über John Newton mitzuerleben – den Autor dieses wohl bekanntesten Gnadenliedes der Weltliteratur.

In der Welt der Barockmusik ist mein persönliches Pendant dazu der zweite Teil der fünfstimmigen Bach-Motette »Jesu, meine Freude« mit dem trotzigen »Es ist nun nichts, nichts, nichts Verdammliches an denen, die in Christo Jesu sind«. Meine Erinnerungen gehen zurück: Ich sehe mich in einer Phase der Selbstanklage, im Bewusstsein meiner Schuld. Diese Sache quälte mich in meinem Gewissen so sehr, dass ich ein Beichtgespräch suchte. Es gibt nichts Größeres in meinem Leben, als den Schritt ins Licht zu wagen, mich vor einem Menschen verletzlich zu machen, aus der makellosen Kulisse hervorzutreten und mein Innerstes nach außen zu kehren. Nach diesem seelsorgerischen Gespräch öffneten sich alle Schleusen der Barmherzigkeit und Gnade. Ich versenkte mich in die Bach-Motette »Jesu, meine Freude«, die so herzrührend und befreiend auf verwundete Seelen trifft.

**Es gibt nichts Größeres in meinem Leben,
als den Schritt ins Licht zu wagen,
mich vor einem Menschen verletzlich zu machen,
aus der makellosen Kulisse hervorzutreten
und mein Innerstes nach außen zu kehren.**

Mitten in der Schönheit der Töne und Worte gibt es jedoch einen überraschenden Bruch: Der Chor hebt an: »Es ist nun nichts Verdammliches an denen, die in Christo Jesu sind.« Das »nichts« wird dreimal trotzig wiederholt, als wollte man diese Zusage fest im Bewusstsein verankern. Seitdem kehre ich immer wieder zu dieser Motette zurück. Gibt es nach einem ehrlichen Sündenbekenntnis eine größere Bestätigung und Vergewisserung als dieses Zitat aus dem achten Kapitel des Römerbriefs? Ich atme auf und atme durch. Das ist der Kern der Reformation, das ist das Zentrum der Lebenswende Martin Luthers: nichts Verdammliches mehr an uns, die wir in Christus Jesus sind.

Und dann Steven Spielbergs Film »Schindlers Liste«. Ich habe ihn bestimmt fünfmal gesehen. Und immer wieder war es diese eine Szene, die mich gefesselt hat, die Mitte des ganzen Films, der Höhepunkt, das Konzentrat:

Helene Hirsch ist bei Amon Göth, dem österreichischen SS-Hauptsturmführer und Kommandanten des Konzentrationslagers Plaszow, als Hausmädchen angestellt. Oskar Schindler kommt zu ihm in sein prachtvolles Haus auf einer Anhöhe, von der aus man das ganze Lager sehen kann. Schindler wird Zeuge einer dieser menschenverachtenden Szenen, wo die Haushälterin und ein kleiner Junge, der ihr für die Reinigung des Badezimmers zugeteilt ist, von Göth erniedrigt werden, weil sie ihre Arbeit offenbar nicht gründlich genug getan haben. Göth rastet aus, erhebt die Waffe und richtet sie auf das Hausmädchen und ihren Helfer. Dann ergibt sich ein Dialog zwischen Göth und Schindler, der in dem Satz gipfelt:

»Gnade ist Macht! Das ist Macht!«

Als ich diesen Film im Kino gesehen habe, wollte am Ende keiner aufstehen. Viele blieben bedrückt sitzen, erst langsam leerte sich der Raum. Ich war einer der letzten. Mir lief die Szene rauf und runter: »Gnade ist Macht.« Ja, das stimmt, doch nicht im Sinne einer großzügigen Gepflogenheit, wie wir das von der Passionsgeschichte bei Pilatus kennen, sondern im Sinne einer Generalamnestie.

Da wird mir bewusst, dass die großen Wendepunkte in der Kulturgeschichte oft mit Gnade zu tun haben, nicht mit Strafe. Die Apartheid ist durch Gnade überwunden worden. Die Sklaverei ist durch Gnade überwunden worden.

Meine Gedanken gehen zurück in das Jahr 2001, zum tragischen 11. September. George W. Bush hat tatsächlich geglaubt, er könnte mit seinen Hightech-Waffen den religiös motivierten Terrorismus bekämpfen. Welch eine fatale Fehleinschätzung! Am 2. Mai 2011 erschossen US-Soldaten Osama bin Laden bei der von US-Präsident Barack Obama befohlenen Erstürmung seines Anwesens in Pakistan. Sie haben zehn Jahre gebraucht, bis sie den Inbegriff des Bösen zur Strecke gebracht hatten. Damals hat die Welt aufgeatmet. Man dachte wirklich, man habe ein Problem gelöst.

Was wäre gewesen, wenn sie ihn hätten laufen lassen? Ist seit dem Tod Osama bin Ladens irgendetwas besser, friedlicher, gerechter geworden auf dieser Welt? Nichts ist in Ordnung in Afghanistan! Manchmal hat man den Eindruck, es sei alles noch bedrückender als vor dem 11. September 2001. Für jeden religiös motivierten Terroristen, den man straft, lassen sich zehn andere rekrutieren, so ziehen immer mehr junge Menschen in den Dschihad. Trotzdem muss Strafe sein, obwohl sie bei den potenziellen Terroristen offenbar keinen Gesinnungswandel verursacht.

Ich bin kein verträumter Pazifist. Mir ist bewusst, dass man dem religiös motivierten Terrorismus, der Hamas, der Hisbollah, dem IS nicht mit Sahnetörtchen und Plaudereien über Gewaltverzicht kommen kann. Das Problem des religiös motivierten Terrorismus ist weder mit noch ohne Waffen zu überwinden.

**Mir ist bewusst, dass man dem religiös motivierten Terrorismus nicht mit Sahnetörtchen und Plaudereien über Gewaltverzicht kommen kann.**

Aber es muss doch einmal einen geben, der den Anfang macht. Einen wie Nelson Mandela, einen wie Martin Luther King. Wo ist der kühne Visionär, der wie damals der kleine Hirtenjunge David quasi im Nachthemd in die Reihen der hoch gerüsteten Philister läuft, nur mit einer lächerlichen Steinschleuder bewaffnet, um den mobilen Klempnerladen, diesen Hightech-Roboter Goliat, zur Strecke zu bringen?

Irgendwann muss doch jemand den Kreislauf von Gewalt und Vergeltung durchbrechen. Wenn Gnade Macht ist, dann muss einer anfangen, das wörtlich zu nehmen. Das könnte die Lösung sein, um den Kampf der Religionen zu überwinden. Wir stehen außerhalb der Vision des Evangeliums, wenn wir uns auf unsere Bewaffnung verlassen, auf Abschreckung. Wann werfen wir uns dem verheerenden Zyklus von Vergeltung und Rache in die Speichen?

Ist es nicht an der Zeit, den Weg der Gewaltlosigkeit zu wagen? Ich traue mich kaum, solche Gedanken zu äußern, denn während ich im Trockenen sitze, bangen Christen in der arabischen Welt um ihr Leben, weil sie den Mordgelüsten von Islamisten ausgesetzt sind. Ich bin nüchtern genug zu akzeptieren, dass es vorläufig ohne Waffen nicht geht. Solange Waffen produziert werden, wird man sie einsetzen. Und gäbe es keine Waffen mehr, würden die Kontrahenten mit Fäusten aufeinander losgehen. Das ist der Fluch der gefallenen Welt. Aber abfinden sollten wir uns nie mit diesem Fluch.

Christen haben immer wieder den Versuch unternommen, gewaltfrei zu leben, und viele haben ihn mit dem Leben bezahlt. Trotzdem, die Friedensordnung Jesu sieht Gewaltlosigkeit vor. Und dieses Gebot gilt nicht für den Himmel, sondern es gilt für jetzt und heute. Zum Beispiel für die Flüchtlingspolitik.

So beschließen wir die erste Woche zum Thema Gnade. Wir sind von der persönlich erfahrenen Gnade zur politischen Verwirklichung von Luthers Erkenntnis der Gnade gekommen. Einer müsste einfach mal anfangen, Gnade wörtlich zu nehmen. (JM)

## EXTRA:
## »EIN FESTE BURG« –
## ASSOZIATIONEN ZU EINER HYMNE

Ein feste Burg ist unser Gott ...

    Sicher bin ich.

    Gott ist die gute Atmosphäre des Vertrauens, die mich umgibt.

    Zugbrücke hoch und niemand kann mir was.

    Ich berge mich in meiner Gottheit.

... ein gute Wehr und Waffen.

    Verteidigt werde ich.

    Gerechtfertigt.

    Gekämpft wird für mich.

    Gesiegt.

Er hilft uns frei aus aller Not ...

    Aus der Patsche.

    Aus der Klemme.

    Führt mich aus der Enge in die Weite.

    Aus der Todesangst in die Zuversicht.

... die uns jetzt hat betroffen.

    Ich bin getroffen.

    Verletzt.

    Zerbrochen.

    Gescheitert.

Der alt böse Feind ...

    Durcheinanderbringer.

    Schlange.

    Gegenspieler des Lebens.

    Irritierende Stimme.

... mit Ernst er's jetzt meint ...

    Mit aller Härte.

    Bösartig.

    Durchtrieben.

    Demütigend.

... groß Macht und viel List

sein grausam Rüstung ist ...

    Gepanzert mit Heuchelei.

    Täuschung.

    Hinterrücks.

    Schein-heilig.

... auf Erd ist nicht seinsgleichen.

    Irdisch.

    Unterscheidbar.

    Begrenzt.

    Erkennbar.

Mit unsrer Macht ist nichts getan ...

    Nicht aus eigener Kraft.

    Mich überlassen.

    Vertrauen.

    Viel zu müde.

... wir sind gar bald verloren ...

    Ich bin erledigt.

    Viel zu schwach.

    Nicht in der Lage.

    Ich bin angewiesen.

... es streit' für uns der rechte Mann,

den Gott hat selbst erkoren.

    Mensch aus Liebe.

    Der wahrhaftig Gute!

Erwählter meiner Zuflucht.

Der größte Held ohne Waffen.

Fragst du, wer der ist?

Ja, ich frage.

Ich frage nach.

Ich suche.

Ich sehne mich.

Er heißt Jesus Christ ...

Der gekreuzigte Auferweckte.

Der wunder Schöne.

Der solidarische Überwinder.

Der unbeirrbar Treue.

... der Herr Zebaoth,

und ist kein andrer Gott ...

Eins.

All-ur-Grund.

Einzig-einig.

Verbunden.

... das Feld muss er behalten.

Vom Turmfenster aus sehe ich den Sieg.

Von der Zinne aus applaudiere ich, juble.

Wächterin bin ich und bewacht.

Ich singe mit:

»Eine sichere Zuflucht ist unser Gott!«

Und weiter, ganz geborgen:

»Erhebt euch, Tore! Öffnet euch, uralte Portale!

Es kommt der König der Würde.«

(Psalm 24,7; eigene Übersetzung).

(CB)

# – WOCHE 2 –
# DIE ENTDECKUNG
# DER SCHRIFT

Wenn du am Abend schlafen gehst, so nimm noch etwas
aus der Heiligen Schrift mit dir zu Bett, um es im Herzen
zu erwägen und es – gleich wie ein Tier – wiederzukäuen
und damit sanft einzuschlafen. Es soll aber nicht viel sein,
eher ganz wenig, aber gut durchdacht und verstanden.
Und wenn du am Morgen aufstehst, sollst du es
als den Ertrag des gestrigen Tages vorfinden.
**Martin Luther**

# – TAG 8 –
# DAS WORT UND DIE WORTE

Die Bibel ist Weltliteratur. Der Bestseller überhaupt. In über 2200 Sprachen übersetzt, weltweit erhältlich, jährlich etwa 20 Millionen Mal gedruckt und verteilt. Das meistübersetzte und meistverkaufte Buch der Welt. Ein ganz besonderes, das zu allen Zeiten Menschen angesprochen hat und heute noch anspricht.

Die Bibel ist ein Buch, aber es ist mehr als das. Der Glaube nennt sie »Gottes Wort«. Denn er vertraut: Gott hat sich nicht mit eisigem Schweigen zurückgezogen oder redet nur noch unverständliches Zeug zu einigen Eingeweihten. Sondern Gott teilt sich mit. Auf viele Weisen. In der Schöpfung, in Begegnungen, in der Musik, in Aha-Erlebnissen, Wundern, in Beziehungen. Und in seinem Wort. Die Worte der Bibel sprechen. Sie sind inspiriert und sie inspirieren.

Die Bibel ist eine große Trösterin, Lehrerin, Kritikerin, originelle Geschichtenerzählerin. Was es hier zu lesen gibt, findet sich so sonst nirgends. Das Gespräch mit ihr ist wertvoll, denn sie hat Erfahrungen gesammelt, die wir nicht kennen. Sie hat einzigartige Gedanken, auf die wir nicht von alleine kommen. Sie erzählt zum Beispiel nachdrücklich von Auferweckung, wo unsere Erfahrung nur bis zum Tod reicht. Sie mahnt eindringlich zum Frieden, wo wir schnell denken, es gäbe zum Krieg keine Alternative. Sie wirbt ausdauernd um die Liebe, wo wir denken, es reicht, dass wir uns

Mühe geben. Wo wir Dunkelheit erleben, behauptet sie ihr Licht. Wo wir alleine sind, tröstet sie.

**Die Bibel ist eine große Trösterin, Lehrerin, Kritikerin, originelle Geschichtenerzählerin.**

Ich meine: Jeder Mensch sollte ein Exemplar besitzen. Kaufen Sie sich eine Bibel, wenn Sie noch keine haben. Oder lassen Sie sich eine schenken. Oder suchen Sie sich mal eine neue aus. Es gibt verschiedene Übersetzungen und Aufmachungen. Wählen Sie eine aus, die Sie anspricht. Unterstreichen Sie Ihre liebsten Verse. Oder malen Sie dicke Fragezeichen an den Rand.

In ihren Texten berichtet die Bibel von Leben und Liebe, Segen und Scheitern, Glück, Schmerz und Überwindung. Von Heiligen und Menschen, die nicht nur heilig sind, sondern feige, schwach, verlogen, falsch, betrogen, irregeleitet. Das hat etwas Ernüchterndes: schade! Die Bibel ist keine reine Sammlung von Helden- und Heldinnen-Geschichten. Aber es hat natürlich auch etwas Tröstliches: Gottes Geschichte ist verwoben mit und verliebt in menschliche Geschichten.

Martin Luther entdeckte die Bibel ganz neu. Er grub sich in ihre Texte ein. Erlebte, wie einzelne Worte ihn ansprachen, als wären sie nur für ihn geschrieben worden. Er fand sich in der Bibel wieder. Übersetzte. Suchte nach entsprechenden, sprechenden deutschen Worten für die lateinischen und griechischen. Er schaute den Menschen aufs Maul, liebte das Deutsche, war zu Hause in seiner Muttersprache ebenso wie in der Bibel. Die Schrift wurde für ihn eine Autorität der Freiheit, mit der er den anderen Herren, Herrschenden, Meinungen und Menschenworten gegenübertreten konnte. Dort fand er seine Argumente. Die Gnade, die er gegen Tradition, Dogma, Höllenfeuer und Messe ins Feld führte, war keine eigene Idee, sondern biblisch verbürgt. Dort fand er das Wort, das wie ein Schlüssel alle Türen öffnete: »Wir folgern also, dass Menschen aufgrund von Vertrauen für gerecht erklärt werden, und zwar ohne dass das Gesetz ganz getan wurde« (Römer 3,28; eigene Übersetzung).

»Jesus Christus ist das eine Wort Gottes.« So formulierte es die Bekennende Kirche in der Zeit des Naziregimes. Das eine Wort – diese klare, einfache Eindeutigkeit verlieh Widerstandskraft und innere Stärke. Bei aller Propaganda.

Menschen haben immer nach Worten gesucht. Geschichten weitererzählt. In Höhlenbildern und in Worten auf Internet-Blogs, gesungen von Barden und beschrieben von Bestseller-Autorinnen finden wir Zeilen, die Legendäres, Lügen, Erlebtes, Erdachtes und Träume weitergeben. In tausend Sprachen. In allen Zeiten und Kulturen, mündlich tradiert, verfasst, übersetzt, vererbt, weitergereicht. Menschen haben immer auch ihren Glauben, ihr Gottvertrauen in Worte gefasst. Das Unfassbare, Unverfügbare, Heilige in kleine Zeilen, in Reime und Lieder, Geschichten, Lebensberichte gepackt.

Ich erlebe: Ich kann mich finden und fallen lassen in diesen Worten Gottes. Ich entdecke mich auch in Romanen und Essays. Manchmal spricht mir eine Zeitungskolumne aus der Seele. Biografien füttern mein Herz. Aber die Worte der Bibel sind etwas Besonderes. Beim Lesen reihe ich mich ein in eine Geschichte, die weit über mich hinausreicht. So oft schon wurden diese Worte gelesen und geglaubt. Ich lasse mich tragen von Zeilen, die durchbetet wurden. Gesprochen in Israel, wo sie entstanden sind, und in Indien, in Afrika, in Europa, weltweit. Von alten und jungen Menschen.

Armen, wohlhabenden, verfolgten, geschützten. Im Krieg und im Frieden. Von Geflüchteten. Im Gefängnis. Sie verbinden Menschen, versöhnen, beruhigen, inspirieren, erneuern das Vertrauen, verleihen Kraft, beflügeln. Priester lesen die Bibel und der Papst. Piloten und Politikerinnen. Ingenieure, Eltern, Umweltschützer, Dichter, Denker, Drachenflieger. Wir können uns finden und fallen lassen in ihren Erzählungen von Frieden und Liebe, Widerstand und Hoffnung. Für mich sind die Schönheit und die Trostkraft der Bibel mit ihrem Alter gewachsen und gleichzeitig aktuell, ansprechend, für mich persönlich.

Worte brauchen Menschen, die sie finden, auflesen, aussprechen und hören. Worte brauchen eine Gruppe, die sie versteht. Die ihre Impulse aufnimmt, meditiert, erwidert und verknüpft. Worte werden erst dann gedeutet und bedeutend, wenn ein Gespräch beginnt. Wir Menschen brauchen Worte. Normale, alltägliche. Und solche, die uns heilig sind. Die wir uns nicht selbst sagen können. Die uns verbinden. Liebeserklärungen, Namen und Geschichten. Wir brauchen Worte für Ideen, Gedanken und Gefühle. Für unsere Erinnerungen. Und für unsere Hoffnungen. Als Christin zu leben, bedeutet für mich, Teil einer großen Erzählgemeinschaft zu sein.

**Als Christin zu leben, bedeutet für mich,
Teil einer großen Erzählgemeinschaft zu sein.**

Diese Gemeinschaft hat keine nationalen Grenzen. Sie ist nicht politisch. Wir sind nicht blutsverwandt. Es geht nicht um Herkunft. Sie ist offen für alle. Und fähig zum Dialog mit allen. Was uns verbindet, sind Worte. Was den Glauben begründet, ist eine Geschichte. Ideen, die weitergegeben wurden. Verbal geäußert. Gesungen. Auswendig gelernt. Aufgezeichnet. Ausgemalt. Als Christin reihe ich mich ein in diese große, alte Geschichte. Ich eigne sie mir an mit jedem Wort, das ich lese. Ich berge mich in ihr. Ich teile sie mit anderen. Ich gebe sie weiter an die nächste Generation.

Ja, wir bekennen: »Ich glaube an Jesus Christus!«, aber nicht: »Ich glaube an die Bibel« (siehe auch Tag 11). Doch wir kennen Jesus eben aus Worten der Bibel. »Das Wort wurde Mensch« (Johannes 1,14; HFA). Uns verbindet in besonderer Weise das eine Wort, das menschlich ist. So menschlich, dass es göttlich war. Sichtbar im Leben von Jesus von Nazareth. Uns verbindet, was sich bewährt hat. Was bewahrt wurde. Was uns bewahrt vor Verzweiflung, Rache und Gewalt. Mit Jesus gesagt: Wahrheit, die sich bewahrheitet im Leben. Gute Idee, die gute Tat wird. Worte, die Fleisch werden. Güte, die sich zeigt. Uns verbinden große Erzählungen vom Wiederfinden, Heilwerden und Überwinden. Weisungen, die uns leiten. Lieder, die erzählen. Von guten Mächten. Vom Stern. Vom großen Gott. Vom Mandelzweig. Von einer *amazing grace*. Und einer festen Burg. Vom Wort, das hält, was es verspricht. Ich vertraue immer wieder: Das Wort macht den Anfang. Und am Ende werden nicht Gerede, Propaganda, Lügenworte bleiben, nicht hohle Phrasen, sondern ewige Worte des Lebens. (CB)

# EIN MÖNCH

Martin Luther tritt in ein Augustinerkloster ein. Gegen den Willen seines Vaters. Er ist eifrig, streng mit sich selbst und wird schon bald zum Priester geweiht. Die Todesangst bleibt. Sein Gewissen plagt ihn. Sein Schuldempfinden ist eine schwere Last. Er geht in sich, bereut. Er zweifelt. Erlebt sich als unfähig, Gottes Gebote zu befolgen, seinen Willen zu erfüllen. Sein Gott ist ein unerbittlicher Richter. Die Angst vor Strafe macht ihn fertig. Die Aussicht, ewig verdammt zu sein, versetzt ihn in Panik. Aber aller Fleiß und Gehorsam, alle Buß-Übungen können ihm nicht helfen. Sein Gott fordert zu viel, er selbst schafft nie genug. Die Bedingungen für Vergebung und Heil scheinen ihm unerfüllbar. Er fragt: »Wie bekomme ich einen gnädigen Gott?« Er beichtet. Spricht sich aus. Hört schließlich auf den Rat seines Seelsorgers und studiert Theologie. Er liest die Kirchenväter und was die Bibliothek bietet, fragt und forscht. Zermartert sich das Hirn. Eine Reise nach Rom konfrontiert ihn weiter mit der Glaubenspraxis der Kirche. Auf Knien klettert er die Treppe zur Papstkapelle hoch. Schwitzt. Müht sich. Betet. Eine Sühne-Leistung, die ihm endlich Vergebung seiner Sünden bringen soll und eine Verkürzung der Läuterungszeit im Fegefeuer.

# EINE ENTDECKUNG

In Wittenberg wird Luther zum Doktor der Theologie promoviert und lehrt jetzt an der Universität Bibelauslegung. Er bleibt Bruder, Mitmönch und Ordensleiter, aber sein Hauptinteresse gilt dem Bibelstudium. Er vertieft sich in die Schrift und sie wird zu seinem Instrument, um die Lehre der Kirche zu hinterfragen: ihre Dogmen und ihre Praxis, die Rolle des Papstes, Ablasshandel, Opfer, Messfeier, Abendmahl und die anderen Sakramente, Mittlerschaft der Heiligen. Seine größte Entdeckung, die Antwort auf seine bangste Frage nach Gnade, macht er hier. Wann genau, wie genau, wo genau, ist historisch nicht gesichert. Aber ganz sicher ist, dass Luther etwas erlebt hat, das stärker war als seine Todesangst. Der Römerbrief öffnet ihm die Augen. Tröstet ihn. Er entdeckt eine neue Wahrheit: »Der Gerechte wird aus Glauben leben« (Römer 1,17). Gerecht ist, wer Vertrauen lebt. Seine aufgescheuchte Seele hat endlich eine Antwort gefunden, die ihn überzeugt und ihm Frieden schenkt.

# – TAG 9 –
# IN DER BIBEL ZU HAUSE

... dass unser lieber Herr selbst mit uns rede durch
sein heiliges Wort und wir wiederum mit ihm reden
durch Gebet und Lobgesang.
**Martin Luther in der Predigt**
**zur Einweihung der Schlosskirchen in Torgau**

»Lies die Bibel, bet jeden Tag, wenn du wachsen willst!« Auch nach
nahezu sechzig Jahren geht mir dieses naive Kinderliedchen nicht
aus dem Kopf. Ich wollte wachsen, ich wollte groß werden. Also
habe ich treu gebetet und Bibel gelesen. Ich war im zarten Knaben-
alter von sechs Jahren und saß nachmittags in der Kinderstunde.
Vorn stand eine Frau, die von allen »Kindertante« genannt wurde.
Eine herzensgute Dame mit einer Knotenfrisur, die mit reichlich
Klammern und Spangen zusammengetackert war. Und diese Kindertante sang mit uns ein Bewegungslied, unvergessen bis heute:
»Lies die Bibel, bet jeden Tag, wenn du wachsen willst!«

Nach dieser Kinderwoche habe ich tatsächlich angefangen, meine Bibel zu lesen, fast täglich. Zur Konfirmation schenkte mir mein
Vater eine Lutherbibel mit Goldrand und Etui mit Reißverschluss,
meinen Namen eingraviert. Er war ein viel beschäftigter Bauunter-
nehmer, aber die sogenannte »Stille Zeit« hat er zeit seines Lebens

morgens um fünf konsequent absolviert. So viel Zeit musste sein. Manchmal fragte er, ob ich auch treu in der Bibel lesen würde. Unsere Eltern bestellten uns Kindern ein Abo vom »Guten Start« beim Bibellesebund, so waren wir bestens ausgerüstet.

Mit 17 Jahren war ich im Jugendkreis aktiv, gründete mit Freunden eine Band, leitete einen Jugendchor und bald praktizierte ich meinen Glauben auf der Bühne. Parallel dazu geriet ich in eine geistige Pubertät. Ich probte den Aufstand gegen Gott und alles, was fromm war. Die Gewohnheit der täglichen Bibellese brach Stück für Stück ab. Ich lebte aus der Konserve meiner Erinnerung. Das hat nur keiner gemerkt. Meine Eltern nicht, meine Geschwister nicht. Meine Bibel lag immer auf dem Nachttisch, aber ich griff nur noch selten danach. In der Gemeinde mischte ich trotzdem ganz vorn mit. Vielleicht war das ausschlaggebend für meine Bewerbung an einem theologischen Seminar. Nur ich wusste, dass die Entfernung zu Gott immer größer wurde.

Während des Studiums erlebte ich den zweiten Frühling meiner Beziehung zu Gott. Die Bibel zu studieren, war ungemein spannend, auch wenn mir die Griechisch-Vokabeln oder der trockene Dogmatik-Stoff oft aus den Ohren raushingen. Wir lernten die Umwelt des Neuen Testaments und diverse Auslegungsmodelle kennen und wurden so mit der Wirklichkeit konfrontiert, die doch erheblich von den Fantasieprodukten unserer Kindheit abwich. Bruder Glaube bekam eine Schwester namens Zweifel, die mein kleines Weltbild irritierte. Dennoch stand mir dieses Paulus-Zitat an die Gemeinde in Ephesus immer vor Augen: »Lasst das Wort Christi reichlich unter euch wohnen!« (Kolosser 3,16).

**Bruder Glaube bekam eine Schwester namens Zweifel, die mein kleines Weltbild irritierte.**

Dieser Vers beschreibt die Gegenwart des Wortes Gottes sehr wohnlich. Es soll uns so vertraut sein wie unser Sofa, unser Bett, unser Fernsehsessel und die Bank am Kachelofen. Es soll auf dem Nachttisch, dem Frühstückstisch und in der gemütlichen Kuschelecke einen festen Platz haben.

Da muss man fragen: Wie wohnhaft ist das Wort Christi wirklich bei uns? Ist es nur zu Besuch, wenn mal fromme Leute zu Gast sind? Sagte doch Klein-Florian, als der Vater ein Andachtsbuch herbeiholte, weil der Pastor zum Mittagessen gekommen war: »Papi, sonst liest du doch beim Essen immer in der Zeitung.«

Völlig desillusioniert erlebten wir die Bibelpraxis in unserer jungen Familie. Morgens kamen die Kinder unter Zeitdruck zum Frühstückstisch, die Mutter machte die Schulbrote, der eine suchte sein Schwimmzeug, der Nächste brauchte noch eine Unterschrift unter der vermasselten Mathe-Arbeit, der Jüngste verteilte die Nutella-Spachtelmasse auf dem T-Shirt. Und ich machte einen auf Oberpriester: Baseball-Mütze ab zum Gebet. Die Boys standen schon halb in der Haustür, wir hörten den Bus kommen, es ging um Sekunden. Noch schnell ein Gebet. Früher hatte ich mir mal vorgenommen, die Kinder vor dem Schulweg zu segnen. So richtig feierlich, mit Handauflegung und so. Irgendwann war ich ernüchtert und richtig frustriert, dass die Familienandacht bei den anderen Familien so toll klappte, nur bei uns nicht. Kann es sein, dass wir uns diesbezüglich manchmal einen ganz schön frommen Stress bereiten? Beschleicht uns nicht oft genug die Sorge, Gott würde uns benachteiligen, wenn wir die Bibel nicht lesen?

Ein solches Denken ist gefährlich. Das passt besser zum Pflichtenkatalog einer Sekte. Dem Wesen des christlichen Glaubens jedenfalls entspricht diese Panik nicht. Das ist die eine Seite. Die andere Seite ist, dass wir tatsächlich Bibelnotstand haben. Magersucht in Sachen Bibel und Glauben. Wir haben ja Zeit zum Joggen, zum Zeitunglesen, zum Mittagsschlaf und zum Plauderstündchen am Abend.

Wir verlieren unsere geistliche Urteilsfähigkeit, wir riskieren unseren Frieden mit Gott, wenn wir sein Wort nicht mehr genießen. Und noch mal: Gott kündigt uns nicht seine Freundschaft, nur weil wir seine Liebesbriefe nicht mehr lesen. Wir sind das Risiko dieser Beziehung.

**Gott kündigt uns nicht seine Freundschaft,
nur weil wir seine Liebesbriefe nicht mehr lesen.**

Ich kann mich noch gut erinnern, als ich für drei Wochen dienstlich in England zu tun hatte. Sonst dauerten meine Dienstreisen selten länger als eine Woche. Zu Hause war meine Frau mit drei kleinen Jungs. Nach einer Woche war mir schon zum Sterben zumute. Womit habe ich mich über Wasser gehalten? Ich habe täglich zu Hause angerufen, Briefe meiner Frau gelesen und Bilder von ihr betrachtet. Sie selbst hatte nichts davon, dass ich täglich ihre Briefe vorwärts und rückwärts gelesen habe. Ich war für sie trotzdem weit weg. Aber *ich* hatte etwas davon.

Und so ist das auch zwischen Gott und mir. Da geht es nicht mehr um zehn Minuten Stille Zeit, da geht es nicht um pünktliche

Stundengebete und nicht um täglich ein Kapitel. Seit ich das kapiert habe, gehört meine Zeit Jesus rund um die Uhr. Sein Wort und das Gespräch mit ihm sind selbstverständlich Teil meines Lebens. Und der Tag geht nicht schief, wenn ich mich seinem Wort nicht ausgesetzt habe. Weil ich nichts leisten kann, darum bin ich bei Jesus gelandet.

Das Wort Christi soll reichlich bei uns zu Hause sein! Weil es Frieden und Gerechtigkeit in unsere Familien bringt. Weil es Anleitung für unser Verhalten in Ehe, Erziehung, Beruf, Gesellschaft und Gemeinde gibt. Weil ohne den ständigen Zufluss des Wortes Gottes unser Leben an Glanz, Würde und Einfluss verliert.

Wie wäre es, wenn wir bei Familientreffen wieder vor dem Essen oder zwischen Hauptmahlzeit und Dessert einen Bibelabschnitt läsen? Da braucht man gar nicht viel kommentieren, das Wort Christi ist eine Dynamis, eine Kraft, die selbst redet. Lassen Sie es uns doch wieder neu ausprobieren. Ganz ohne Druck und Schema. Da gibt es meditative Maria-Typen, die brauchen Kerzenlicht und mindestens eine Stunde täglich. Und dann gibt es die Marta-Fraktion: Jesus dienen durch handfesten Einsatz an der Bratpfanne und Fritteuse. Natürlich hat Maria die bessere Entscheidung getroffen. Sie hat mehr von Jesus gelernt als ihre Schwester (vgl. Johannes 11,1-44).

Wir lassen Christi Wort unter uns wohnen, weil es die Atmosphäre und den Lebensstil nachhaltig prägt. Und weil wir durch die Beschäftigung mit Gottes Wort eine ständige Frischzellenkur erleben. Wir fangen wieder an und bleiben nicht liegen, wenn Schema F nicht funktioniert. Das Wort Christi soll wieder einen Stammplatz in unseren Familien haben. Und da ist viel Raum zum Experimentieren. Die Reformation der Herzen beginnt da, wo Gottes Wort unvoreingenommen gehört und geglaubt wird. (JM)

# – TAG 10 –
## MEIN WORTSCHATZ

Eine meiner beiden großartigen Großmütter war blind. Sie konnte zeit ihres Lebens schlecht sehen, trug eine lustige Brille mit dicken Gläsern, sah immer weniger und zuletzt gar nichts mehr. Sie sagte: »Lern einzelne Worte der Bibel auswendig. Es könnten ja Zeiten kommen, in denen du nichts mehr siehst. Oder nichts mehr zu sagen hast. Oder sprachlos bist und stumm. Oder nichts mehr hören willst. Oder nicht glauben kannst. Dann sind sie da, die alten Worte.«

Oma war so wie Frederick die Maus im Bilderbuch von Leo Lionni. Sie sammelte Farben, Sonnenlicht und Wörter. Proviant für die Seele. Wegzehrung für den Winter. Sie legte sich einen Vorrat an Träumen an, kraftvollen Bildern und Hoffnung. In den guten Zeiten bereitete sie sich auf andere Zeiten vor. Im Schmerz dann trotzdem noch beten zu können, das hieß für meine Großmutter, sich in den vertrauten Worten wiederzufinden. Sie suchte kaum neue, brauchte nur ganz selten eigene Worte. Sie konnte sich in den alten bergen. Ich habe ihr vertraut. Sie hat nicht »dahergebetet«. Sie hat gelebt, was sie glaubte. Überzeugend. Unglaublich, so ein Glaube! Sie war eine große alte Dame, vertrauensvoll und kühn.

So habe ich also auswendig gelernt, »by heart«, wie man im Englischen sagt. Ich entdeckte dabei zuerst: Ewiges Wiederholen kann auch heißen, sich etwas Ewiges wiederzuholen. Wiederholen Sie

mal Ihren Tauf- oder Konfirmationsspruch oder Ihren Trauvers –
und Sie holen sich etwas zurück! Ein Wort, das zu Ihnen gehört.
Wir wissen: Menschliche Worte sind begrenzt. Sie können kosen,
klären, helfen, sie können aber auch verletzen und missverständ-
lich sein. Deshalb verbinden wir unsere größten und schönsten Versprechen, unsere Ja-Worte, mit Worten, die noch größer sind. Wir
bergen sie in ewigen, göttlichen Zusagen.

In meinen Krisenzeiten habe ich erlebt, dass es tatsächlich stimm-
te, was meine Großmutter immer gesagt hatte: In sprachlosen Zeiten, wenn die Worte fehlen, war es großartig, einen Vorrat zu haben.
Ich habe mir angewöhnt, mit jedem neuen Tagebuch auf die ersten
beiden Seiten meinen »Wortschatz« zu schreiben. Die Worte, die mir
Halt geben. Die meine Seele im Winter füttern. Die mich in kalten,
harten Zeiten wärmen. Einige Verse sind irgendwann weggefallen.
Andere dazugekommen. Aber der Grundbestand ist gleich geblieben. Viele Worte sind Verse aus der Bibel. Einige Lieder sind dabei.
Ein paar Zitate aus anderen Quellen. Ich könnte meinen Wortschatz
nachts, wenn man mich weckt, aufsagen. Ich hege ihn wie Gold, für
die Nacht der Seele. Ich hoffe, dass die Worte noch da sind, wenn ich
irgendwann sterbe und in den jüngsten Morgen gehe.

**In sprachlosen Zeiten, wenn die Worte fehlen,
war es großartig, einen Wortschatz zu haben.**

# MEIN WORTSCHATZ

Die Größte aber ist die Liebe
(1. Korinther 13,13; eigene Übersetzung).

Die Würde des Menschen ist unantastbar (Artikel 1, Absatz 1 des Grundgesetzes).

Von guten Mächten wunderbar geborgen, erwarten wir getrost, was kommen mag (Dietrich Bonhoeffer).

Liebe deckt alle Übertretungen zu (Sprüche 10,12).

Denn Berge mögen wohl weichen und Hügel mögen wanken, aber meine Treue wird nicht von dir weichen und mein Friedensbund wird niemals wanken, spricht Gott voller Barmherzigkeit (Jesaja 54,10).

Frau, was weinst du? (Johannes 20,15).

Tröstet, tröstet, mein Volk! (Jesaja 40,1).

Liebe und lass dich lieben (Arundhati Roy).

Erbarmt euch derer, die zweifeln (Judas 22).

Hab ich Lieb, hab ich Not. Meid ich Lieb, bin ich tot (Clara Hätzlerin).

Eine Zensur findet nicht statt (Artikel 5, Deutsches Grundgesetz).

Mein Herze soll dir grünen (Adventslied von Johann Crüger).

Siehe, ich mache alles neu (Offenbarung 21,5).

Noch manche Nacht wird fallen auf Menschenleid und -schuld, doch wandert nun mit allen der Stern der Gotteshuld (Adventslied von Jochen Klepper).

Gottes Nähe ist Glück für mich (Psalm 73,28; eigene Übersetzung).

Amazing Grace. Erstaunliche Gnade (Hymne von John Newton).

Ja, ich glaube, dass du der Messias bist, der Christus Gottes (Johannes 11,27; eigene Übersetzung).

Walk on! Geh weiter! (Lied von U2, gewidmet Aung San Suu Kyi).

Wohl denen, die in ihrem Herzen barfuß pilgern (Psalm 84,6; eigene Übersetzung).

Lass dich nicht vom Bösen überwinden, sondern überwinde das Böse mit Gutem (Römer 12,21).

Heile, heile, Segen (Kinderreim).

Der Meister ist da und ruft dich (Johannes 11,28).

Freude, schöner Götterfunken! (Friedrich Schiller).

Gottes Schwingen bedecken dich. Unter Gottes Flügeln birgst du dich (Psalm 91,4; eigene Übersetzung).

Gastfrei zu sein vergesst nicht; denn dadurch haben einige ohne ihr Wissen Engel beherbergt (Hebräer 13,2).

Sonne der Gerechtigkeit, gehe auf (Kirchenlied von Christian David).

Friede sei mit euch (Johannes 20,19).


Der Volksmund sagt: »Not lehrt beten.« Ich bin mir nicht sicher, ob das automatisch so stimmt. Vielleicht löst Not bei manchem eine Suche nach Gott aus. Ich kann nur sagen: In den Zeiten, in denen ich sprachlos war, war ich froh, das Beten nicht erst lernen zu müssen, sondern mich bergen zu können. Im Vertrauten. Immer wieder diskutiere ich (mit Jüngeren meist) über den Sinn des Auswendiglernens und meine: Legt euch einen Vorrat an, fürs Herz, wenigstens ein paar Verse.

Zu den vertrauten Worten kommen jetzt noch die überraschenden. Ich stelle mir vor, dass es Martin Luther so erlebte. Als Priester und Mönch hatte er oft in der Bibel gelesen. Er hatte sie in der Messe mitgebetet. Alleine in seiner Zelle. Er hatte Routine, aber die Worte waren nur Buchstaben. Und dann war es, als würde er sie zum ersten Mal lesen! Auf einmal klangen sie anders. Es war, als habe er bisher durch eine Brille geguckt, die ihm den Blick verstellte, statt die Worte lesbar zu machen. Er traute seinen Augen kaum! So neu war das, was so altbekannt war.

Ja, ich schätze die auswendig gelernten Worte sehr. Ich habe sie mir erobert und gebe sie nicht mehr her. Dazu kommt aber etwas anderes: Ich lese die Bibel und bin gespannt, wie sie mich anspricht. Was sie diesmal für mich hat. Ob sie mich ärgert? Provoziert? Beruhigt? Tröstet? Herausfordert? Ruft?

Ich habe der Bibel irgendwann das Recht eingeräumt, mich zu unterbrechen. Ja, sie ist eine Autorität für mich. Das ist in unserer Zeit nicht leicht zu erklären. Denn viele kommen lieber ohne Autoritäten aus. Auch weil es so wenige gibt, denen wir aus vollem Herzen vertrauen und Respekt entgegenbringen können. Die Bibel aber ist für mich eine echte Größe!

**Die Bibel ist für mich eine echte Größe!**

Ich erlebe die Zeit mit ihr wie ein Gespräch. Sie hat keine leeren Seiten und ich bin kein unbeschriebenes Blatt. Gespräch bedeutet Gegenseitigkeit. Sich zu befragen, zuzuhören und einen Vertrauensvorschuss zu gewähren. Sich zum Sprechen zu bringen. Sie hält meine Fragen aus. Ich lasse sie an mich heran. Dieses Gespräch mit der Älteren, Weiseren tut mir gut. Ich möchte nicht verzichten auf die Klugheit dieser Größe. Sie hat Erfahrungen gesammelt, Lebensentwürfe, sie kennt Auswege, sie bringt mich auf andere Ideen. Sie weiß Dinge, von denen ich höchstens eine kleine Ahnung habe ... Ich erlaube ihr, mich zu unterbrechen.

Und dann passiert es: Ich lese und denke: Das habe ich schon hundertmal gelesen, aber noch nie so wie heute. Das kenne ich doch schon, aber in diesem Moment gewinnt es mich. Ich weiß, wo dieser Bibelvers an einer Wand hängt, ich bin unzählige Male an ihm vorbeigelaufen – heute bringt er mich zum Weinen. Ich entdecke meinen Konfirmationsspruch. Heute klingt er neu. Ich merke, das alte Buch ist lebendig. Es ist wie meine Großmutter. Weise, voller Glauben und kühn! Von ihm lasse ich mir gerne einiges sagen. (CB)

# – TAG 11 –
# ICH GLAUBE NICHT *AN* DIE HEILIGE SCHRIFT

»Scriptura sui ipsius interpres!« – »Die Schrift ist ihr eigener Ausleger!« So hat Martin Luther die schwerwiegendste Frage der theologischen Wissenschaft und der praktischen Bibelauslegung auf einen kompakten Nenner gebracht: Die Bibel legt sich selbst aus. Jedes Detail, das Fragen aufwirft oder differierende Auslegungen provoziert, lässt sich vom Gesamtzeugnis der Bibel her erschließen und sinnvoll deuten. Man kann sich im Detail verkanten und verlieren, vielleicht sogar Widersprüche entdecken und dabei zu Fehlinterpretationen kommen, aber in der Gesamtschau erschließen sich die großen Linien und zeitlosen Wahrheiten, die unserem Leben Grund, Inhalt und Ziel vermitteln.

Wir lesen die Bibel in bestimmten Reifestadien unseres Lebens. Sie begleitet mich, seitdem ich lesen kann. Ihre Geschichten haben mich in die schönsten Augenblicke getragen – zum Beispiel die erotischen Texte aus dem Hohelied Salomos vor 35 Jahren bei der Entdeckung meiner heutigen Frau. Und sie haben mich in die tiefsten Krisen meiner unheilbaren Erkrankung begleitet, wie zum Beispiel das Buch Hiob. In meiner Kindheit waren es die Geschichten der Kinderbibel, die mich stark geprägt haben. Die Arche Noah, der Turmbau zu Babel, Mose und die große Völkerwanderung von Ägypten nach Kanaan. Jona, der Fishmac, und andere unglaubliche Geschichten. In meiner Teenie-Zeit waren es die Jesus-Geschichten, die Gleichnisse, die mich stark beeinflusst haben. Später dann die Paulusbriefe mit ersten Exkursen in die mir bis dahin so unbekannte Welt der Theologie. Martin Luther und der Römerbrief, das waren erste Tiefenbohrungen in die Fundamente meiner geistlichen Identität.

Darf ich alles denken, zweifeln, suchen, vergleichen – unter völliger Beteiligung meines Verstandes –, oder wurde mir schlichter Gehorsam vorgeschrieben? Die Bibel sei heilig und darum unhinterfragbar, unkritisierbar, unveränderbar. Solche Vorprägungen sind mächtiger und folgenreicher, als wir denken. Wenn ich mich mit schlechtem Gewissen zur täglichen Bibellese zwinge, dann bin ich ängstlich und von der Sorge getrieben, nicht treu genug zu sein. Wenn ich hingegen erkenne, dass Gott mir die Treue hält und mich gern mit seinem Wort beschenkt, dann bin ich entspannt in dieser Lektüre unterwegs.

**Wenn ich mich mit schlechtem Gewissen zur täglichen Bibellese zwinge, dann bin ich ängstlich und von der Sorge getrieben, nicht treu genug zu sein.**

Die Bibel – mehr als ein Buch. Gott selbst redet zu uns in diesem Menschenwort und entfaltet eine lebenswendende Orientierungskraft. Und es ist zugleich eine historische Quelle, die zunächst so gelesen und verstanden werden will wie jedes andere Buch. Es ist nicht mysteriös vom Himmel gefallen.

Erst im Vergleich mit dem Koran ist mir klar geworden, dass ich künftig vorsichtiger mit dem Begriff »Heilige Schrift« umgehen werde. Für Muslime ist der Koran eine »heilige« Schrift. Sie ist unantastbar, nicht hinterfragbar und nicht zu kritisieren. Dieses heilige Buch ist vor dem Zugriff der theologischen Wissenschaft, der Literarkritik, der kritischen Textanalyse, zu schützen. Reformtheologen hingegen, wie zum Beispiel Navid Kermani, der durch seine bewegende Dankrede für den Preis des Deutschen Buchhandels in der Frankfurter Paulskirche bekannt geworden ist, sehen den Koran vor allen Dingen in seiner ästhetischen Qualität als Wahrheitserweis der Offenbarung Allahs. Er beruft sich auf die Blütezeit des traditionellen Islams, der eine große intellektuelle Freiheit und kulturelle Vielfalt hervorgebracht hat. Diese Errungenschaften habe der Islam heute vielfach verloren.

Traditionelle Moslems glauben an den Koran, weil diese heilige Schrift eine göttliche Qualität hat. Christen hingegen glauben nicht an eine »heilige Schrift«. Sie glauben an Gott Vater, Sohn und Heiligen Geist, deren Wesen und Sein, Wirken und Handeln sich in der Bibel offenbaren. Alles, was wir von Gott und Jesus Christus und dem Heiligen Geist wissen, wissen wir aus der Bibel. Wir vertrauen ihrer Botschaft: einzigartig, allumfassend, zuverlässig; das ganze Programm Gottes mit dieser Welt in einem Kompendium aus unterschiedlichen literarischen Gattungen, in einem Zeitraum von Jahrhunderten zuverlässig mündlich überliefert, dann von unterschiedlichen Autoren oder Autorengemeinschaften schriftlich dokumentiert, bis die frühe Kirche in einem intensiven Prozess der Sichtung und Prüfung aus 39 alttestamentlichen und 27 neutestamentlichen Schriftstücken einen Gesamtkanon zusammengestellt hat. Eine ganze Bibliothek in einem Buch. Das Gesamtwerk Bibel wird »Heilige Schrift« genannt. Wie oben dargestellt, ist das inzwischen ein problematischer Begriff, denn Heiliges darf ja nicht zur Disposition stehen.

Darum war für mich die Einsicht, dass die Bibel nicht die vierte Qualität der Trinität ist, sondern der Dreieinigkeit Gottes unterstellt ist, eine ganz wichtige Erkenntnis. Die Bibel gehört zu den geschaffenen und gewordenen Dingen, nicht zu den ewig Göttlichen. Die Geschichte Gottes mit den Erzvätern, die Botschaften der Propheten und die Jesus-Berichte sind viel älter als das Buch, das wir heute als Bibel in der Hand halten. Wer hier nicht verschiedene Ebenen unterscheidet, und das kann man bei Luther lernen, der sperrt die Bibel als heiliges Buch in einen Schrein und meint, es schützen zu müssen vor dem Zugriff der Kritiker.

**Die Bibel gehört zu den geschaffenen und gewordenen Dingen, nicht zu den ewig Göttlichen.**

Die oberste Ebene ist heilig und ewig: Gott Vater, Sohn und Heiliger Geist.

Darunter bildet die Bibel Ebene 2. Sie verschriftlicht das Wesen der Trinität und dokumentiert das Wirken Gottes und die Sendung seines Sohnes ein für alle Mal verbindlich in einem Printmedium. Dieses Printmedium dient, es informiert, es weckt uns auf und zeigt uns den Weg zum Heil. Der Heilige Geist erhellt unser Denken und erschließt uns das biblische Zeugnis.

Darunter erst stehen auf Ebene 3 die Kirche, kirchliche Ordnungen, Konzile und Bekenntnisse, verfasste Strukturen, die theologische Wissenschaft und das pastorale Personal.

Wer diese Unterscheidung nicht vornimmt, wird sich immer als Hüter und Bewahrer des Buchstabens verstehen. Der wird das Buch für heilig erklären und mit allen Mitteln versuchen, es der Wissenschaft zu entziehen.

Anders als der Koran hat die Bibel das Zeitalter der Aufklärung, der textkritischen Bibelwissenschaft und die immer wieder neuen Angriffe des Atheismus schadlos über- und souverän bestanden. Kein Jota ist verloren gegangen, Altes und Neues Testament sind immer noch friedlich vereint. Gott selbst wacht über seinem Wort. Und wir können die Erkenntnisse der modernen Wissenschaft zur Kenntnis nehmen, prüfen, davon lernen oder sie gegebenenfalls verwerfen. Allerdings haben die Aufklärung und die textkritische Bibelwissenschaft beim theologischen Personal der Kirche beträchtliche Spuren hinterlassen. Allgemeine akademische Verunsicherung und intellektuelle Zweifel haben auch zu einer Verarmung der christlichen Verkündigung geführt. So manche Prediger und Predigerinnen hatten am Ende außer ein wenig Mitmenschlichkeit nichts mehr zu sagen. So mancher musste sich eingestehen, dass er das Apostolische Glaubensbekenntnis im Blick auf die Auferstehung Jesu Christi eigentlich nicht mehr mit guten Gewissen sprechen kann. Die Bibel hat in der Begegnung mit der Aufklärung nicht verloren, aber die Predigt des Evangeliums wurde verunsichert und der Ruf zum Glauben und in die Nachfolge Jesu ist weithin saft- und kraftlos geworden.

**Die Bibel hat in der Begegnung mit der Aufklärung nicht verloren, aber die Predigt des Evangeliums wurde verunsichert.**

Allerdings haben auch manche fromme Leute, oft die treuesten im kirchlichen Dienst, die Begegnung mit der modernen Bibelwissenschaft noch vor sich. Da wird es die ein oder andere Verunsicherung geben, aber wenn der Test bestanden ist, wird er auch neue Vergewisserung und Festigung des Glaubens bewirken.

Die Bibel hat also die wissenschaftliche Prüfung bestanden. Der Islam steckt in den Anfängen eines solchen Prozesses. Wenn der Koran an unseren öffentlichen Schulen gelehrt werden soll, dann wird diese »heilige Schrift« der literaturkritischen Analyse unterzogen werden müssen – und zwar von unabhängiger Instanz.

Während ich diese Zeilen schreibe, wird mir angst und bange.

Darf man mit solchen Ansichten den gerade mühsam entstehenden Dialog zwischen Christentum und Islam stören? Denn es gibt keine Alternative zum Dialog. Aber das Verlangen nach Harmonie und toleranter Freundschaft darf uns nicht die Sicht für die Wirklichkeit vernebeln. Der Islam scheint noch nicht bereit für Reformen zu sein.

Darf ich meinen konservativen »schriftgebundenen« Freunden, den stets alarmierten Verteidigern der Heiligen Schrift, solche Vergleiche zumuten? Wo stünden wir heute, wenn die Bibel und die Kirche nicht durch das Säurebad der Aufklärung gegangen wären? Vor der Idealfantasie einer Theokratie in der Hoffnung auf eine bibeltreue Politik? Wo stünden wir, wenn die Kirche es geschafft hätte, die »Heilige Schrift« vor dem Zugriff der Wissenschaft zu schützen?

Anders als zur Zeit der Reformation leben wir heute sozusagen Tür an Tür mit muslimischen Bürgern. Ihr Koranverständnis zwingt uns zur kritischen Auseinandersetzung mit unserem Bibelverständnis.

Die inzwischen notwendig gewordene Beschäftigung mit dem Islam führt uns in Problemfelder unseres eigenen Bibelverständnisses. So wird klar, warum wir nicht an die Bibel glauben, sondern an Gott Vater, Sohn und Heiligen Geist. Und so können wir entspannt unser Bibelverständnis an den Erkenntnissen der modernen Bibelwissenschaft prüfen, oder es begründet eben nicht tun. Nämlich da, wo die Theologie ihre dienende Funktion für die Glaubenden und die Kirche verlässt und sich selbst zum Maßstab macht. (JM)

# – TAG 12 –
# DAS BILDERBUCH GOTTES

Danke, verehrte Bibel, für deine besonderen Worte und Bilder. Deine Geschichten sind älter, gehen weiter zurück und reichen weiter nach vorne als die Geschichten, die wir mit unserem Leben erzählen. Danke für die Inspiration.

Danke für die Schöpfungsgeschichte. Die schätze ich wirklich sehr. Du erzählst mir, dass diese Welt nicht einfach vom Himmel fiel, sondern ins Leben geliebt wurde. Dass sie zutiefst gewollt ist, eine Idee Gottes. Ja, ich liebe diese allererste Geschichte und ihre Bilder. Kein wissenschaftliches Protokoll, sondern Poesie! Keine detaillierte Beschreibung, exakt geschrieben für den Speicher eines Computers, sondern ein Gedicht fürs Herz.

Du erinnerst mich daran, dass diese Welt uns nicht gehört, sondern anvertraut wurde. Dass die Bewahrung unseres Zuhauses eine heilige Aufgabe ist. Du erinnerst mich daran, dass diese Welt Würde hat: das Wasser und die Luft und alle Lebewesen, jeder einzelne Mensch. Wir sollen sie pflegen, bewahren, achten. Ich werde dankbar für die kreative Art Gottes. Für die Artenvielfalt. Dein Gedicht regt meine Fantasie an und lässt mich staunen. Die Welt ist wohl auch nicht zufällig so bunt. Danke für Grün, Himmelblau und Sonnengelb. Ich ahne: Der Schöpfer wusste, was er tat, als er nicht nur eine Kuh, eine Schnecke, Elefanten und einen Deutschen Schäferhund machte. Sondern auch den Grauwolf, Braunbär, Blauwal, Rotdachs, Schneeleopard, Silberlachs, Schwarzstorch, die Wüstenratte und die Korallenmöwe. Falken, Wasserschildkröten, Eisbären und Erdbeerbaumfalter. Heidelbeeren, Orchideen und Narzissen. Schafgarbe, Felsenahorn, Frauenmantel und Französisches Filzkraut. Verständnisvolle Bäume und flüsternde Blumen.

Danke für deinen Hinweis, dass alle Menschen Gottes Bild sind. Männlich und weiblich. Weitere Unterscheidungen werden nicht gemacht. Hier ist nicht die Rede von Deutschen noch von Nicht-Deutschen. Nicht von Schwarzen oder Weißen. Weder von Juden noch von Christinnen, Muslimen, Hindus. Es gibt keine Katholiken, keine Protestantinnen. Nur Menschen. Alle gleich vor Gott. Alle haben denselben Ursprung, denselben Wert. Anne und Raja, Emma und Pedro, Hamid und Elvira, Sharif und Jakob, Aisha, Sheila und Christina. Du bestärkst die Toleranz. Eine Tugend, die sich gründet im Ewigen, im Geschaffensein aller Menschen.

**Alle haben denselben Ursprung, denselben Wert. Anne und Raja, Emma und Pedro, Hamid und Elvira, Sharif und Jakob, Aisha, Sheila und Christina.**

Du erinnerst mich daran, dass wir Menschen und Gott nicht festlegen sollen. Nicht reduzieren auf ein paar wenige Eigenschaften. Kein Volk kann sich Gott auf die Fahnen schreiben. Kein Mensch kann ihn einfangen. Wir haben kein Foto von ihm. Aber wir sind alle gerufen, Gottes Bild zu sein. Danke für dieses große Ja zum Leben!

Danke für die Erzählung von den sechs Tagen und dem siebten. Dass Gott von seiner Maloche ruhte. Für die Pause. Fürs Wochenende. Danke für den Rhythmus aus Arbeit und Ruhe. Anstrengung und Vergnügen. Gerechtigkeit und Genuss. Wahrheit und Schönheit. Tische und Bänke und Schaukelstühle und Betten. Alltag und Sonntag. Fleiß und Freizeit. Fähigkeit und Abwechslung. Mühe und Ausflüge. Mittagsschlaf. Shabbat. Durchatmen.

Du erinnerst mich daran, dass ich innehalten soll. Zwischen Schaffen, Herstellen, Entwickeln, Laufen, Horten, Sammeln soll ein Tag sein für Spiel und Gebet. Zweckfreie, sinnvolle Zeit.

Danke für den Regenbogen. Für dieses heilige Zeichen. Immer, wenn Sonne und Regen sich treffen, erinnert mich der bunte, hohe Bogen an Gottes Versprechen, die Erde zu erhalten.

Danke für die großartige Geschichte von der Befreiung. Danke, dass du mir erzählst, dass Gott hört. Und sieht. Und berührt ist von Unterdrückung, Gewalt und Willkür (2. Mose 3,7). Danke für die Freiheit! Und danke für die Gebote. Die Weisungen. Ordnungen, damit es uns gut gehe. Glückselig, sagst du mir, sind die, die den Ideen Gottes folgen.

Und, o ja! Danke für die Psalmen. Diese großartige Sammlung von Gebeten. Für die Danklieder. Die Wallfahrtslieder. Die üppigen Lobgesänge auf die Schöpfung. Für die trotzigen Worte. Die rotzigen Fragen. Die Klagen. Die Krisengebete. Die Hymnen. Die Anstupser für die Seele. Danke für die grünen Wiesen. Den weiten Himmel. Die Flügel, unter denen ich mich bergen kann.

**Danke für die grünen Wiesen. Den weiten Himmel.**
**Die Flügel, unter denen ich mich bergen kann.**

Danke sehr, verehrte Bibel, für Frau Weisheit, Gottes Liebling (Sprüche 8,30).

Danke für die Gleichnisse. Für die alltäglichen besonderen Geschichten, die von Gott sprechen als einem verreisten Hausbesitzer, einem Geldverleiher, einem Unkrautzupfer, einem seltsamen Hirten, einer glücklichen armen Frau, die ein Geldstück wiederfindet. Danke, dass du mir die Geschichte vom barmherzigen Samariter erzählst. Von dem einen, der noch wusste, wem seine Solidarität gilt. Dessen Hilfe nicht mit der Steuer abgebucht und dessen Wohltätigkeit nicht von Profis organisiert wurde. Der das anstrengende und beglückende Erlebnis machte, einem anderen Menschen in Not helfen zu können. Der noch wusste, was ein Krankenbett wirklich kostet, weil er es direkt aus eigener Tasche bezahlte.

Danke für alle Worte, die Verzeihen ausdrücken. Vergebung, Neuanfang, das Recht, ein neuer Mensch zu werden, Schuldenerlass, Jubeljahr, Vergangenheitsbewältigung und Verantwortung, Reue und Leichtigkeit.

Danke für das wunderschöne Bild von den Lilien auf dem Feld, die uns erinnern, dass Gott den Menschen Boden unter den Füßen schenkt zum Wachsen und eine Sehnsucht nach Licht, zum Über-uns-Hinauswachsen.

Danke für die vielen tollen Geschichten von Gastfreundschaft. Vom fetten Essen. Von der langen Tafel und Tischen mit Gästen aus aller Welt. Danke für die Erzählung von Pfingsten. Die Erfahrung von Gemeinschaft und der Solidarität von Familie Mensch. Wo Menschen, die aus den unterschiedlichsten Elternhäusern kommen, sich als Geschwister wahrnehmen und ihr Leben miteinander teilen: Zeit, Geld, Autos, Sorgen, Platz, Hoffnung. Wir brauchen die Geschichte von der großen weltweiten Familie. Sie erzählt den Generationenvertrag anders. Sie isoliert nicht die Kleinfamilie als bedrohtes Ideal. Sie liebt Kinder, sie lebt in Nachbarschaft und Grenzenlosigkeit, Verschwisterung. Auch diese Erzählung ist uralt. Seit Jahrhunderten erprobt, bis heute tragfähig.

Danke für die vielen wunderbaren Bilder vom Ziel. Sie bereiten mich vor auf die Ewigkeit. Danke für die Aussicht eines neuen Himmels und einer neuen Erde, in denen Gerechtigkeit wohnten und Gott bei uns Menschen. Danke, du erzählst es mir ins Herz: Eines Tages, am jüngsten, allerneusten aller Tage, wird verehrt, der wie ein Lamm ist. Kein Wolf. Kein Rudel geldgieriger Diebe, kein Mob von Mördern, die Kriege führen und über Leichen gehen. Ein Lamm sitzt auf dem Thron – was für ein Gegenentwurf! Voller Trotzkraft! Ein Lamm. Ein Mensch, der keine Opfer fordert, keine Opfer macht, nicht das Opfer spielt, sondern sich selbst hingibt. Voller Passion. Der niemanden mit in den Tod reißt, sondern alle ins Leben liebt – bis in Ewigkeit. Und wir werden nicht mehr mit den Wölfen heulen, sondern das Lamm anbeten (Offenbarung 7,10). Und wir singen: »Das Lamm hat recht mit seiner Art. Die Liebe ist stärker als der Tod. Sie ist die Größte!«

**Danke für die Aussicht eines neuen Himmels und einer neuen Erde, in denen Gerechtigkeit wohnten und Gott bei uns Menschen.**

Danke für die Jesus-Geschichte, die anders ausgeht als alle anderen. Jesus, der Mensch aus Liebe. So menschlich, dass er göttlich war. Als es enger wurde für ihn, liebte er weiter. Er wurde umgebracht, wie ein Terrorist. Er hat gelitten, gezweifelt und starb. Andere Biografien enden hier. Aber er wurde auferweckt. Sein Tod wurde überliebt. Er ging durch die Hölle, den Ort, wo sich der Tod versammelt, den Ort ohne Tür. Aber Gott zeigte sich wieder als Gott des Lebens und rief ihn zurück. Wie am ersten Tag der Schöpfung. Danke für die Auferweckung. Danke für das gründlichste Happy End. (CB)

# – TAG 13 –
# WARUM ICH NICHT BIBELTREU BIN

»Sind Sie bibeltreu?«, fragte kürzlich ein älterer Bruder auf so treuherzige Art und Weise, dass ich ihm ehrlich zugetan war. Er wollte mich zu Vorträgen einladen. Ich verneinte. Schweigen in der Leitung! »Ach so, dann würden wir lieber von einer Zusammenarbeit absehen!« Ich dankte höflich und erkundigte mich später, welchen bibeltreuen Kameraden diese bibeltreue Gemeinde schließlich eingeladen hat. Eine sympathisch treuherzige Episode. Diese Stillen und Treuen im Lande sind mir doch so ans Herz gewachsen, dass ich sie einfach nicht kritisieren kann.

Hinter jeder theologischen Position steht ein Mensch, der durch Vorbilder oder schlechte Beispiele, durch die Erfahrung von Liebe oder Hass, Enge oder Weite zu dem geworden ist, was er heute vertritt. Ich teile das akademische oder pastorale Personal nicht in »gläubig« oder »ungläubig« ein. Mich interessiert vielmehr, was im Leben eines Menschen passiert sein muss, dass das Vertrauen in die Autorität der Bibel verloren gegangen ist. Der Schlüssel zur Theologie liegt in der Biografie. Ich liebe den wertschätzenden und neugierigen Disput mit Atheisten und Agnostikern, mit Ex-Evangelikalen und neuerdings mit solchen, die an der Theodizee-Frage verzweifeln.

Das beschert mir im eigenen Lager einen Platz zwischen den Stühlen. Von rechts verpasst man mir das Etikett »liberal« und von links das Etikett »bibeltreu«. Eigentlich ist »liberal« ein schönes biblisches Qualitätsmerkmal, unsere von Jesus geschenkte Freiheit. Aber in solchen Schubladen zu stecken, blockiert jede vernünftige Auseinandersetzung, weil diese grobe Zuordnung meiner theologischen Entwicklung nicht gerecht wird. Wie viel Vertrauen ist zerstört worden, weil wir vorschnell – ohne den anderen wirklich zu verstehen – zu den alten Verbalkeulen »liberal« oder »modern« und »biblisch« oder »unbiblisch« gegriffen haben? Und von der anderen Seite kommt prompt die Retourkutsche: separatistisch, pietistisch, fundamentalistisch, konservativ, evangelikal, bibeltreu – gerade so, als müssten wir uns dafür schämen. Ignoranz und Arroganz auf beiden Seiten. Wen soll das überzeugen?

Ich bekenne freimütig, dass ich mit dem Etikett »bibeltreu« immer weniger anfangen kann. Gott ist treu, nicht ich. Ich halte nicht der Bibel die Treue, wenn schon, dann hält sie mir mit ihrer Botschaft die Treue. Sie ist ein einziges Dokument der Treue Gottes. Nur so ergibt der Begriff Sinn. »Treu« ist eine Beziehungsqualität. Als Schlüssel zur Beschreibung meines Bibelverständnisses taugt dieser Begriff jedenfalls nicht. So ist das theologisch nie verbindlich definierte Wortkonstrukt »bibeltreu« zum Spaltbegriff geworden, zur Gretchenfrage des konservativen Protestantismus: »Wie hältst du es mit der Bibeltreue?« So kommen wir jedenfalls nicht zusammen. Wer sich selbst als »bibeltreu« bezeichnet, tut dies nicht selten mit der Attitüde eines Gerechten, eines, der aufsteht, gegen wen oder was auch immer.

**Ich halte nicht der Bibel die Treue, wenn schon, dann hält sie mir mit ihrer Botschaft die Treue.**

Wer die Verwundeten verbinden will, muss zu Boden gehen. Wo der »Aufstand« zerbricht, finden sich die Kontrahenten auf Knien wieder. Es ist Zeit zum Aufstehen, um sich quasi kniend dienend und pflegend, füßewaschend auf Augenhöhe zu begegnen.

Streit um Evolution und Kreation, emotional unvernünftig aufgeladene Debatten um sexualethische Fragen, Taufverständnis, Endzeittheorien und Stilfragen der Musik und des Gottesdienstes sind immer wieder Ursache dafür, dass Menschen aus ihrer Gemeinde emigrieren und sich neuen Gemeinden anschließen – wenn überhaupt. Das sind alles Nebenschauplätze, die mit dem Aufbau einer zeitgemäßen missionarischen Gemeinde zunächst wenig zu tun haben, die aber über jede Menge Sprengkraft und Spaltpotenzial verfügen.

Ein einheitliches Verständnis und eine einheitliche Auslegung der Bibel sind illusorisch und vielleicht auch gar nicht erstrebenswert. Ich erlebe die unterschiedlichen Zugangswege zum biblischen Text jedenfalls als vitale und inspirierende Äußerung des Leibes Christi. Toleranz ist kein Schwächeanfall der Kirche Jesu, sondern ein Erweis ihrer Vitalität und Stabilität. Ich habe oft genug über das Fallobst der wissenschaftlichen Theologie lamentiert, statt auch die guten Früchte zu erkennen und zu verstehen.

Meine Glaubensbiografie gleicht einer Pilgerreise, auf der ich mir manchen Sonnenbrand geholt habe, dem stets eine partielle Häutung folgte. Ich habe mir zwischen diversen Frömmigkeitsprägungen und theologischen Vorbildern manche Hautreizung eingefangen. John Henry Newman, der kirchlich heimatlose Mann zwischen anglikanischer und römisch-katholischer Kirche, hat gesagt: »Leben heißt sich ändern, und Vollkommenheit heißt, sich oft geändert zu haben.«

Paulus verwendet in Römer 12,2 den Begriff »metamorphose«, um die notwendigen Veränderungen im Leben eines Christen zu beschreiben. Das ist biologisch betrachtet etwas anderes als Häutung, aber der Begriff an dieser Stelle ist bemerkenswert:

> Seid nicht gleichförmig dieser Welt, sondern werdet
> verwandelt durch Erneuerung eures Sinnes, damit ihr
> prüfen mögt, was der Wille Gottes ist: das Gute, das
> Wohlgefällige und Vollkommene. (ELB)

Wir geraten in die Gleichförmigkeit mit der Welt, wenn wir nicht lernen, biblisch-hebräisches Denken von unserem verblendeten griechisch-römischen Denken zu unterscheiden. Wer nicht stromlinienförmig im Zeitgeist oder einer Frömmigkeitsprägung aufgehen will, muss sich verwandeln lassen durch Erneuerung seines Denkens. Diese »metamorphose« hat zum Ziel, uns urteilsfähig zu machen, den Willen Gottes zu erkennen. Die uns geschenkten Veränderungsprozesse im Denken und Handeln halten uns im offenen Gespräch und schaffen Vertrauen und Wertschätzung. Aber diese Transformationen machen uns auch standfest. So wachsen wir in der Erkenntnis und bleiben nicht die, die wir zu Beginn unserer Christusnachfolge waren.

Die spannende Frage ist nun, wie wir diese Häutungen erleben, verarbeiten und mit wem wir sie teilen. Haben wir einen Kreis eng vertrauter Freunde um uns, mit denen wir die »Erneuerung unseres Sinnes« besprechen können? Lassen wir uns theologisch beurteilen, bevor aus einer fixen Idee gleich eine bedeutende geistliche Metamorphose wird? Vielleicht hat mich ja nur der Zeitgeist geritten. Allein durchschaue ich die Verführung nicht, aber im geschwisterlichen Ringen und in solider Arbeit am Text werde ich urteilsfähig.

**Allein durchschaue ich die Verführung nicht, aber im geschwisterlichen Ringen und in solider Arbeit am Text werde ich urteilsfähig.**

Haben Verantwortliche Weisheit, Demut und Geduld, ihre Gemeinden oder ihre Mitarbeiter ein Stück mitzunehmen und sie zur Reife zu führen, damit alle zusammen den Willen Gottes erkennen: das Gute, Wohlgefällige und Vollkommene?

Die Beschäftigung mit Gottes Wort, das Durchschauen des Zeitgeistes und der respektvolle theologische Disput können zu Häutungen führen und uns erneuern. Im Kern bleiben wir jedoch, was wir schon immer waren: begnadigte Sünder auf der Suche nach Weisheit und Erkenntnis. Damit wir prüfen mögen, was der Wille Gottes sei: das Gute, Wohlgefällige und Vollkommene.

Darum möchte ich gern noch ein paar Brücken bauen. Brücken zwischen Zweiflern und Bekennern, zwischen Atheisten und Frommen. Brücken zu Agnostikern und Esoterikern, Brücken zu den Opfern einer vehementen und enthusiastischen Frömmigkeit und zu den Enttäuschten einer harmlosen und weich gespülten Religiosität.

Die erfahrene Barmherzigkeit Gottes hat mich barmherzig gemacht, sodass ich aus dem Chor der Empörten ausgetreten bin. Es gibt davon zu viele, auch und gerade unter Christen. Was fehlt, sind barmherzige Träger der Hoffnung, stille Mahner und Versöhner, treue Beter und Diener. Und die müssen äußerlich nicht gesund sein; von innen heil sein reicht. Deren Vollmacht besteht in einer geheimnisvollen Ohnmacht.

Martin Luthers Reformation hat sich nicht aufgrund von günstigen Machtkonstellationen, sondern in einer Ohnmacht vollzogen, die auf nichts mehr hoffen konnte als auf Gott selbst. Gott helfe mir, AMEN. (JM)

## EXTRA: DER STACHEL DER REFORMATION IM FLEISCH DER KIRCHE

Am Ende der Jubiläumsdekade und des Jubeljahres 2017 soll nicht nur allgemeine Zufriedenheit über gelungene Festivitäten aufgekommen sein, nicht nur Ja und Amen, sondern die konzentrierte Beschäftigung mit dem geistlichen Erbe der Reformation wie ein Stachel im Fleisch der Kirche stecken. Dieser Stachel möge Schmerzen verursachen, Entzündungen provozieren, bis der Fremdkörper entdeckt und gezogen wird.

In der Vorrede zur deutschen Messe (1526) hatte Luther bereits das Modell eines alternativen Gottesdienstes vor Augen, doch die Messe blieb im katholischen Format.

Aber die dritte Weise, welche die rechte Art der evangelischen Ordnung haben sollte, dürfte nicht so öffentlich auf dem Platz unter allerlei Volk geschehen. Sondern diejenigen, die mit Ernst Christen sein wollen und das Evangelium mit der Tat und dem Munde bekennen, müssten sich mit Namen einzeichnen und sich etwa in einem Haufen versammeln um zu beten, zu lesen, zu taufen, das Sakrament zu empfangen und andere christliche Werke zu üben. In dieser Ordnung könnte man die, welche sich nicht christlich hielten, kennen, strafen, bessern, ausstoßen oder in den Bann tun nach der Regel Christi Matthäus 18,15ff. Hier könnte man auch ein gemeinsames Almosen auferlegen, das man freiwillig gäbe und nach dem Vorbild des Paulus austeilte (2. Korinther 9,1). Hier bedürfte es nicht vieler und großer Gesänge. Hier könnte man auch Taufe und Sakrament auf eine kurze feine Weise halten und alles aufs Wort und Gebet und auf die Liebe richten. Hier müsste man einen guten kurzen Unterricht über das Glaubensbekenntnis, die Zehn Gebote und das Vaterunser haben. In Kürze: Wenn man die Menschen und Personen hätte, die mit Ernst Christen zu sein begehrten, die Ordnungen und Regeln dafür wären bald gemacht.

Dazu befrage ich den Luther-Preisträger und systematischen Theologen an der Evangelischen Hochschule Tabor und der Philipps-Universität in Marburg, Professor Dr. Thorsten Dietz:

**JM:** »Herr Dietz, Luthers Idee vom Allgemeinen Priestertum aller Gläubigen hat sich im gottesdienstlichen Leben nicht vollzogen. Die Kirche der Reformation ist eine Profi-Kirche geblieben, ein Beamtenapparat, der weithin nur vollzeitlich funktioniert. Der Klerus zelebriert, das Laienvolk konsumiert. Trotz vieler hoffnungsvoller Ansätze, die zum Beispiel durch den Pietismus in die Landeskirchen getragen wurden, trotz zunehmenden ehrenamtlichen Engagements: Was fehlt der Kirche von morgen, wenn sie diese unerledigte Hausaufgabe nicht engagierter angeht?«

**TD:** »Für die Reformation des 16. Jahrhunderts war es entscheidend, die Laien, vor allem die Verantwortungsträger des weltlichen Regiments, an der Reform der Kirche zu beteiligen. Das hat eine ungeheure Dynamik ausgelöst. Zugleich liegt darin ein Geburtsfehler des Protestantismus: die große Nähe zu den Verwaltungs- und Organisationsstrukturen des Staates. Menschen wollen heute nicht nur, dass kirchliche Sozialwerke ihnen dienen, sie die Musik der Hochkultur genießen und der Inszenierung traditioneller Feiern beiwohnen dürfen. Sie brauchen Freiräume, sich einzubringen und auszuprobieren, das Evangelium selbst zu entdecken und zu bezeugen. Kirche kann nicht nur Jugendliche einführen wollen in ihre Tradition; sie muss auch bereit sein, mit ihnen Glaube neu zu entdecken. Kirche wäre auch schlecht beraten, die freien Werke nur als Konkurrenz oder Ärgernis anzusehen. Vielfalt als Reichtum wahrzunehmen, das muss eine Kultur sein, die in der Kirche selbst beginnt. Der Gedanke des Priestertums aller Gläubigen lebt vom Glauben an das Handeln Gottes durch das Evangelium. Dadurch wird Machtverzicht der religiösen Eliten möglich, eine Kirche des gemeinsamen Dienens, des aufeinander Hörens.« (JM)

# – TAG 14 –
# LUTHER, GUTENBERG UND DIE GROSSE GESCHICHTE FÜR ALLE

Ich denke an einen Tag zurück, als ich in Südindien war und in einem kleinen Bergdorf Bibeln verteilt wurden. Eine Frau war dafür mehrere Kilometer zu Fuß gelaufen und freute sich jetzt sehr über dieses kostbare Geschenk – ihre erste eigene Bibel! Sie drückte sie an ihr Herz und strahlte. Dann schlug sie sie auf und das Leuchten aus ihren Augen verschwand. Sie verstand nichts. Die Buchstaben sagten ihr nichts. Man hatte ihr eine englische Bibel gegeben. Sie konnte zwar etwas Englisch sprechen, aber lesen konnte sie nur Tamil. Das Missverständnis war schnell aufgeklärt und man gab ihr eine tamilische Ausgabe. Sie schlug sie auf, las ein paar Zeilen und strahlte jetzt über das ganze Gesicht. »Sie spricht zu mir«, sagte sie glücklich.

Keine Bibel in der eigenen Muttersprache. Nur lateinische Worte. Vorgelesen und sie sprechen nicht zu mir, sie sagen mir gar nichts – diese Erfahrung machten viele Menschen rund um Martin Luther – und da übersetzte er die Bibel ins Deutsche. So kam die Demokratie ins Lesen. Die Bibel sollte nicht länger nur von Profis und Priestern gelesen werden können. Gleichzeitig erfand Johannes Gutenberg den Buchdruck, sodass Bücher sich viel schneller vervielfältigen ließen. Der Buchdruck und die Reformation, die Luther auslöste, brachten die Demokratie ins Lesen! Plötzlich waren die großen Geschichten allen zugänglich. Luther suchte passende Worte, erfand neue Ausdrücke. Seine Sprache war alltagstauglich. Anschaulich, verständlich, deftig, populär. Er schaute dem Volk aufs Maul.

Wie war das, als wir als Kinder einen ersten Text gelesen haben? Keine Lehrerin hat uns geholfen, keine Mutter hat vorgelesen, sondern wir hatten ein eigenes Buch in den Händen, konnten selbst entziffern. Wir erlebten, wie aus Zeichen Worte wurden, Sätze, eine Erzählung. Großartig!

Ich sehe mich als Kind heimlich nachts mit Taschenlampe unter der Bettdecke schmökern und dabei mit Momo und der Schildkröte Kassiopeia gegen die grauen Herren kämpfen. Ich sehe mich mit Tom Sawyer und Huckleberry Finn auf einem Boot den Mississippi hinunterfahren. Neben mir am Lagerfeuer sitzt Nscho-tschi, Winnetous schöne tapfere Schwester. Geschichten brachten neue Gedanken und Träume zu mir. Vom Lesen kam vieles ins Leben.

Wir können uns tatsächlich in einem Buch wiederfinden. Denn beim Lesen erleben wir Verbundenheit – wenn wir merken, dass hinter den Geschichten von einzelnen Menschen, historischen Ereignissen und besonderen Momenten größere Zusammenhänge aufleuchten. Wenn wir entdecken: Es gibt eine größere Geschichte als meine eigene Biografie. Es geht niemals nur um eine Person alleine, eine Epoche, eine Erfindung, einen Augenblick. Es gibt eine tiefe Wahrheit, die sich ausdrückt in kleinen Szenen, Ur-Erfahrung, die weitergereicht wird von Generation zu Generation. Erzählungen vermitteln Vorstellungen, damit wir uns die Welt erklären können, sie bieten uns Entwürfe zur Bewältigung von Herausforderungen an. Und so können wir uns identifizieren und unsere eigene Identität schärfen in den Erzählungen von Frieden und Liebe, Widerstand und Überwindung, Glaube und Neuanfang. Indem wir uns in einzelnen Protagonistinnen oder Protagonisten spiegeln, erleben wir – in Gedanken, Fantasie, spielerisch –, was möglich ist. Beispiele zeigen uns Konsequenzen, inneres Ringen, Mut und Abenteuer. So habe ich beim Lesen gelernt, mich in eine Geschichte einzureihen, die älter ist als ich.

**So habe ich beim Lesen gelernt, mich in eine Geschichte einzureihen, die älter ist als ich.**

Wenn ich heute in der Bibel lese, sage ich damit: Hier ist die große Geschichte, in der ich meine eigene Lebensgeschichte wiederfinden kann. Ich kann mich bergen in ihren wahrhaft großen Worten. Hier finde ich meine Lebensgeschichte miterzählt. Ich vertraue: Es gibt noch eine Stimme, die sich mitteilt: die göttliche Stimme des Schöpfers. Ein roter Faden der Liebe zieht sich durch die biblischen Erzählungen. Die Spur der Ewigkeit zeigt sich in menschlichen Geschichten. Ihre Tradition ist weit älter als ich. Weiser. Erprobt und durchlebt in Jahrhunderten. Ich vertraue mich ihr an.

Wenn der Tod mich unterbricht und mir meine Grenzen zeigt, hält sie meinen Schmerz aus und leiht mir Worte zum Klagen. Und sie hofft mit mir auf das ewige Leben und malt mir die Zukunft Gottes aus. Wenn ich an meinen Idealen scheitere, weiß sie von Vergebung. Wenn ich an meinen Idealen zweifele, erinnert sie mich an die Kraft der Liebe. Wenn ich ratlos bin, bietet sie mir ihre Weisheit an. Sie erzählt mir gute Geschichten. Sie glaubt für mich an Güte. Sie leiht mir Worte, die einzigartig sind.

Ich glaube, wir brauchen das Gespräch mit dieser Autorität, dieser Größe. Denn die Bibel hat Erfahrungen gesammelt, die wir nicht kennen. Ideen, die wir uns nicht selber überlegt haben. Die wir nicht erfinden, nicht bestellen und bezahlen können. Originelle Gedanken, die noch etwas ganz anderes wissen als wir. Die Bibel ist Inspiration des Heiligen für mein Leben.

Nun ist die Bibel keine Autorität, die mir ihren Text diktiert. Sie drückt mir ihre Meinung nicht auf. Sie ist eine echte Größe, die es riskieren kann, in den Dialog zu gehen. Bibellesen ist ein Gespräch zwischen ihren Worten und mir persönlich. So erlebe ich es. Einerseits sagt mir der Text mehr, als ich mir selbst sagen kann. Gleichzeitig bringe ich den Text erst zum Sprechen. Mit Wiedererkennen und Zweifeln, Einverständnis und Hinterfragen. Die Bibel hat keine leeren Seiten und wir sind auch keine unbeschriebenen Blätter. Ich bin beschrieben mit meiner Geschichte. Die Bibel erzählt mir ihre Geschichte.

**Die Bibel drückt mir ihre Meinung nicht auf.
Sie ist eine echte Größe, die es riskieren kann,
in den Dialog zu gehen.**

Ohne dieses Buch wäre vieles anders. Ein riesiger Schatz würde fehlen. So lese ich einzelne Zeilen, bete die Gebete, finde mich in Erzählungen wieder – und lebe mit der Bibel. Ich erlebe, wie sie widerspricht, irritiert, mich lockt und unterbricht. Ermutigt, wirbt, aufdeckt und zudeckt. Einlädt und öffnet. Mich beschenkt und verändert. Ich kann sie in meiner Muttersprache lesen. Vertrauensvoll übersetze ich sie in mein Leben. Ich vertraue ihren einzigartigen Worten. (CB)

# EXTRA:
## DENNOCH! ERBARMEN. HEILUNG. GEISTKRAFT. SOLIDARITÄT.

## ZWEI FRAGEN AN
## PROF. DR. DR. PAUL MICHAEL ZULEHNER

Österreicher. Wiener. Katholik. Theologe. Philosoph. Priester. Jesuit. Einer der bekanntesten Religionssoziologen Europas

**CB:** »Die evangelische Kirche feiert die Reformation. Gibt es denn Grund zum Feiern für die Kirche(n) im 21. Jahrhundert?«

**PZ:** »Ein erster Blick auf die Reformation und ihre Folgen für die Geschichte der Jesusbewegung in Europa trübt meine Feierlust. Der Fall des Dreißigjährigen Krieges war tief. Die Verbindung vom konfessionalisierten Gott und der Gewalt war brutal. Das Christentum ist deshalb bis heute in Europa beschädigt – ähnlich wie der islamische Terror derzeit die islamische Religion schwer beschädigt. Alle haben wir Schuld auf uns geladen und Gott in Misskredit gebracht. Wir waren nicht Symbol seiner Liebe und seines Erbarmens, sondern schon eher ein Diabol – das heißt, wir haben die Menschen, die Gott suchen, verwirrt und in die Irre geleitet. Und das alles im Namen der Wahrheit. Statt feiern ist daher als Allererstes ein Schuldbekenntnis angebracht – in ökumenischer Gemeinsamkeit, wegen der Ökumene des Schuldigseins. Dann aber kann auf dem dunklen Hintergrund der Schuld dennoch Feiern aufkommen – zaghaft, demütig, vergebungsbereit –, weil auch Gott den Seinen vergibt. Gefeiert werden wird sein Erbarmen. Dass er ein Gott ist, der ein Herz für alle hat, Katholiken und Protestanten, Atheisten und spirituelle Vagabunden, Suchende und Findende, von Gott Gefundene.«

**CB:** »*Gratia* (Gnade), *scriptura* (Schrift), *Christus* und *fide* (Glaube) – das waren Luthers vier große Entdeckungen. Wenn Sie heute vier große Themen für die Kirche wählen würden, welche wären das?«

**PZ:** »Als Erstes würde ich das *Erbarmen* wählen. Wie wir Gott glauben, welche Geschichten wir von ihm erzählen, entscheidet über den Weg der Kirche in unserer Zeit. Wir werden also mit dem aufhören, was wir in der westkirchlichen Tradition so lange gemacht haben: den Menschen in den Gerichtssaal zu führen. Die Kirchen des Ostens führen den Menschen ins Krankenhaus (›Feldlazarett‹ sei die Kirche, so der Bischof von Rom, Franziskus).

Die Entdeckung zwei kann daher lauten: Nicht mehr das Gesetz und die Sünde werden im Mittelpunkt stehen. Die Ostkirche redet weniger von der Sünde, sondern von der Verwundung des Menschen vor allem durch den Tod. Gegen Wunden hilft kein Gesetz, sondern nur *Heilung* im Kraftfeld Gottes. Kirchen und ihre Gemeinschaften sind in der Welt in der Nachfolge des Heilands *Heil-Land*.

Bei alldem werden wir das ständige und nachhaltige Wirken des *Heiligen Geistes* entdecken. Er ist es, der die Geschichte trägt und von innen her – mit uns, ohne uns, oftmals auch gegen uns – in die Vollendung reifen lässt. Ein allumfassender, universeller *Heilsoptimismus* wird das Tun der Kirche leiten – und das nicht, weil wir Menschen das Heil verdienen, sondern weil es Gott zuzutrauen ist, dass er am Ende alle rettet (1. Korinther 3,12–15).

Das führt zum letzten Stichwort: *liebende Solidarität*. Wir werden die tiefe Einheit der gesamten Schöpfung wieder erfühlen. Das sterbende Kind auf der Insel Kos ist eines von unserer Menschheitsfamilie. Was in Fukushima passierte, geschah in unserem gemeinsamen Welthaus. Weil eben nur ein Gott ist, ist jede eine und ist jeder einer von uns.« (CB)

# – WOCHE 3 –
# DIE ENTDECKUNG
# DES CHRISTUS

Der Sohn Gottes wandelt jetzt auf Erden,
und niemand sieht ihn. Er geht aber als Dürstender,
Hungernder, Nackter, als Gast und so weiter.
In dieser Gestalt begegnet er der Welt.
**Martin Luther**[3]

# – TAG 15 –
# JESUS CHRISTUS –
# EINZIGARTIG

Im Zentrum des theologischen Wirkens Martin Luthers steht kein Dogma, sondern eine Person: Jesus Christus. Die Christologie ist das Herzstück seiner Theologie. Die Beschäftigung mit Christus soll »all unser Weisheit und Kunst sein, die ein Christ wissen soll«. Jesus ist der eigentliche Gegenstand der Theologie. In den Krisenzeiten seines Lebens hat er in Jesus tiefen Trost und Halt gefunden. Johann von Staupitz, sein leitender Ordensbruder und Seelsorger, riet ihm, auf den leidenden Christus zu schauen, in dem sich Gottes gnädiger Wille erkennen lasse. So steht im Mittelpunkt seiner Betrachtungen über Jesus Christus das Kreuz, die *theologia crucis*. Von dieser Mitte aus erschließt Luther alle anderen theologischen Themen. Um das *solus Christus* gruppieren sich die anderen drei Säulen Bibel, Glaube, Gnade.

Im Kleinen Katechismus von 1529 fasst Luther in der Erklärung des Apostolischen Glaubensbekenntnisses die Bedeutung des Christus so zusammen:

Ich glaube, dass Jesus Christus, wahrhaftiger Gott,
vom Vater in Ewigkeit geboren, und auch wahrhaftiger
Mensch, von der Jungfrau Maria geboren, sei mein Herr,

der mich verlorenen und verdammten Menschen erlöset
hat, erworben, gewonnen von allen Sünden, vom Tode
und der Gewalt des Teufels, nicht mit Gold oder Silber,
sondern mit seinem heiligen teuren Blut und mit seinem
unschuldigen Leiden und Sterben – auf dass ich sein
Eigen sei und in seinem Reiche unter ihm lebe und ihm
diene in ewiger Gerechtigkeit, Unschuld und Seligkeit ...

Jesus Christus ist auch in einer Zeit rapide abnehmenden biblischen Wissens immer noch die prominenteste Gestalt der Weltge-
schichte. Der amerikanische Astronom, Mathematiker und Historiker Michael H. Hart hat 1978 eine Rangliste der 100 bekanntesten
Persönlichkeiten vorgestellt. In seiner Aufzählung rangiert Jesus
von Nazareth hinter Mohammed und Isaac Newton. Er begründet
diese Platzierung damit, dass Mohammed, anders als Jesus, nicht
nur im religiösen, sondern auch im weltlichen Bereich erfolgreich
war. Jesus war weder Staats- noch Heerführer. Sein Reich war nicht
von dieser Welt. Darum ranken sich um seine Person Wissen, Halb-
wissen, Unwissen, Mythen, Märchen und allerlei Volksweisheiten.
Darum ist die größte und höchste Aufgabe der Theologie heute,
aber auch die Aufgabe jedes einzelnen Christen, Jesus Christus zu
bezeugen und allen Fehldeutungen entgegenzutreten. Aus diesem
Grund möchte ich am Anfang dieser Woche, die unter dem Thema
des *solus Christus* steht, die Vita dieses einzigartigen Menschen so
definieren, dass sie verständlich und vertretbar ist:

Jesus hat nie ein Buch geschrieben. Alles, was wir über ihn wissen, haben wir durch mündliche Überlieferung seiner Teamkolle-
gen (sogenannte Jünger) erfahren, die dann später im Printmedium der vier Evangelien schriftlich dokumentiert wurde.

Jesus hat keine Religion gegründet. Er war drei Jahre in Galiläa
und Judäa und schließlich in Jerusalem unterwegs, hat lediglich

ein Team aus zwölf mehr oder weniger geeigneten Männern gebildet. Kurz vor seinem Tod hat er diese Männer zu Multiplikatoren seiner Botschaft eingesetzt.

Jesus hat nicht getauft. Er ließ sich von Johannes taufen, und er beauftragte sein Team, die Menschen zu lehren und zu taufen, er selbst hat es jedoch nie getan.

Jesus hat keine Kirchen gebaut. Er akzeptierte das religiös Bestehende seiner Umwelt. Jesus war Jude. Es zog ihn bereits als Teenager in die Synagoge. Er predigte dort, stellte sich dem Disput mit den jüdischen Gelehrten. Er prägte seine Zeit nicht stationär, an einem heiligen Ort oder Gebäude, sondern er war ambulant unterwegs, das heißt umhergehend.

**Er prägte seine Zeit nicht stationär, an einem heiligen Ort oder Gebäude, sondern er war ambulant unterwegs, das heißt umhergehend.**

Jesus hat keine Waffen getragen. Da er kein Vermögen besaß, musste er auch keine Habseligkeiten verteidigen. Seine Botschaft von der Gewaltlosigkeit lebte er entwaffnet und damit der Verfolgung schutzlos ausgesetzt. Er verfügte über keine Privatarmee, keine Bodyguards.

Jesus hat kein Land erobert, keine Siedlungspolitik provoziert. Er akzeptierte die topografischen und politischen Grenzen der römischen Besatzungsmacht.

Jesus hat kein politisches Mandat ausgeübt. Seine Botschaft war hochpolitisch, aber er war nicht politisch aktiv. So konnte er unabhängig von der römischen Besatzungsmacht und von den diversen nationalistischen Protestbewegungen die Botschaft vom anbrechenden Reich Gottes verkündigen.

Jesus hat kein Geld verdient, er hatte keinen Haus- und Grundbesitz. Er empfahl seinen Mitarbeitern eine Grundausrüstung für ihre Tournee und ließ sich im Übrigen unterwegs zum Essen einladen. Während die Füchse ihre Höhlen haben, wusste er am Morgen noch nicht, wo er sich abends schlafen legen sollte.

Jesus war Fremdling, Ausländer, Asylant, nirgends zu Hause. Er hat die Not seiner Zeitgenossen gesehen; er hat geliebt, gelehrt und geheilt und die Menschen vom Bösen erlöst.

Jesus war gehorsam bis zum Tod am Kreuz und ist drei Tage später vom Tod auferstanden. Er lebt – auch in seiner Botschaft, der Bibel, in den Worten und Taten seiner Nachfolger und in den Herzen derer, die sich ihm glaubend anvertrauen.

Die Einzigartigkeit Jesu liegt nicht in seiner historischen Bedeutung, was er verkündigt und engagiert gelebt hat. Das allein ist schon so grundlegend und unvergleichlich, dass wir ein Leben lang damit zu tun haben. Die Einzigartigkeit Jesu liegt in dem Geheimnis seiner Auferstehung – das wohl umstrittenste theologische Thema überhaupt. Zu jeder Kultur und Zeitepoche stand die Auferstehung Jesu im Zentrum der Apologetik, der Verteidigung des christlichen Glaubens. Hier begegnen sich Glaube und Vernunft auf Augenhöhe. Wer nicht an die Auferstehung Jesu glauben kann, muss seine Botschaft auf ein gutes Stück Menschlichkeit, auf eine Art religiösen Humanismus, reduzieren. Selbst der fundamentalistische Atheist wird die historische Existenz des Jesus von Nazareth nicht leugnen. Bis dahin gehen alle mit. Aber an der Auferstehung scheiden sich die Geister und scheitert der Glaube. Und wenn dieser Jesus von Nazareth noch den exklusiven Anspruch vertritt, dass es keinen zielführenden Weg zu Gott an ihm vorbei gibt, dann ist das Ende des gepflegten Disputs angezeigt. Dann wird es ungemütlich, dann erweist sich Jesus, der Messias, der Heiland, als nicht kompatibel mit anderen Weltanschauungen, Religionen und Lebenskonzepten. Nein, der auferstandene Christus dient nicht als versöhnliches Versatzstück zwischen all den ungelösten Fragen unserer Zeit.

Das Wort vom Kreuz, so wie man das Evangelium zusammenfassen kann, ist und bleibt ein *scandalon*, ein Ärgernis, eine Provokation. Das *solus Christus* ist kein Pflegemittel zur Verhinderung von Hautreizungen und Entzündungen innerhalb der Kirchen und zwischen den Religionen.

Es gibt keine Alternative zum Dialog mit anderen Weltreligionen. Den Dialog zu verweigern, wäre ein dramatischer Schwächeanfall der Kirche. Ihn mit Wertschätzung und Demut zu führen, ohne das *solus Christus* aufzugeben, das ist die unerledigte Aufgabe der Jesus-Leute. Die Reformation des Herzens beginnt mit dem persönlichen Christus-Bekenntnis und bewährt sich in dem, was wir mit der weltweiten Christenheit im Glaubensbekenntnis Sonntag für Sonntag bekennen: »Gekreuzigt, gestorben und begraben. Am dritten Tage auferstanden von den Toten, aufgefahren in den Himmel, er sitzt zur Rechten Gottes.«

**Die Reformation des Herzens beginnt mit dem persönlichen Christus-Bekenntnis und bewährt sich in dem, was wir mit der weltweiten Christenheit im Glaubensbekenntnis Sonntag für Sonntag bekennen.**

Martin Luther, danke für dein *solus Christus*. Mit ihm steht oder fällt die Kirche. (JM)

# – TAG 16 –
# CHRISTIN BIN ICH
# WEGEN CHRISTUS

Ein Rabbi rief einst vor einer Fahrt einem Schüler zu, er
solle sich zu ihm in den Wagen setzen. Darauf entgeg-
nete der Schüler: »Ich fürchte, ich könnte es euch eng
machen.« Und der Rabbi sagte einladend: »So wollen
wir einander mehr lieben. Dann wird uns weit sein.«
**Martin Buber, Die Erzählungen der Chassidim**[4]

Jesus. Von Ewigkeit her. Lange herbeigesehnt.
Gott soll das Leben der Menschen teilen.
Kannst du dich nicht beeilen?
Geboren in einem Stall in der Nacht.
Der Himmel funkelte vor Glück. Wir sehen Licht.
Im schönen Gesicht des Kindes von Bethlehem.

Aufgewachsen in Nazareth, Galiläa, Israel.
Von Römern und Militär belagert.
Eingeengt. Sonnig, stickig, heiß.

Leben hier hat seinen Preis.
Er wächst auf im besetzten Gebiet.
Ein Kind Gottes, voller Herz, Heimweh und Hoffnung.

Sah aus wie die Nachbarskinder.
Schwarze lockige Haare, dunkle Augen, Haut wie Oliven.
Er spielte Fußball, kickte Steine, backte Plätzchen, sang
fröhlich »Hevenu Shalom Alejchem«.
Mochte Datteln, Äpfel, kletterte auf Bäume.
Und malte manchmal ein Bild von Gott,
das alle überraschte.
Spürte oft den liebevollen Blick des Himmels auf sich ruhen.

Im Alter von zwölf Jahren fiel er zum ersten Mal richtig auf.
Er legte im Tempel in Jerusalem den Gelehrten die Bibel aus
und sprach vom Vaterhaus.
Ein kleiner Junge in einer heiligen Stadt.
Ausgebildet als Zimmermann.
Er baute Stühle, Schränke, Tische und Türen,
die bei ihm alle in die Freiheit führen.
In neue Räume oder gute Träume.

Im Alter von dreißig Jahren wurde er getauft.
Von seinem Cousin Johannes im Jordan.
Eine weiße Taube, Zeichen, Zufall, Glaube.
Er wanderte durch Galiläa, ohne festen Wohnsitz,
oft zu Gast.
Er war ein großartiger Geschichtenerzähler.
Er mochte Gleichnisse, prägte Sprichwörter, brachte
alltägliche Bilder mit Gott in Verbindung, begeisterte
mit seinen Ideen viele Menschen.

Tat Wunder, zog sich zurück zum Beten.
Seine Nähe war heilsam. Härte, Gesetzlichkeit,
Bosheit und dunkle Kräfte
konnten seine Gegenwart nicht ertragen
und wurden durch seine Art vertrieben.
Er sammelte Vertraute, Frauen und Männer,
die ihm nachfolgten
und in ihm Gott entdeckten.

Ich nenne ihn:
den, der gründlicher hoffte als wir.
Der liebt, was Gott liebt.
Der sich verschenkt. Sein Herz nicht an Dinge hängt.
Ich nenne ihn Licht,
ich nenne ihn: »Mehr brauch ich nicht.«
Manchmal nenn ich ihn »Lieblingsgedicht«, denn er
reimt mir die Liebe in mein Leben.

Berühmt sind bis heute seine großen Sätze.
Solidarisch, pazifistisch, herausfordernd,
streng, weit, eng, anders.
Er bleibt den Schriften treu; erfindet Altes aber neu.
Selig, die hungern nach Gerechtigkeit, sie sollen satt wer-
den, versprochen.
Sehnt euch zuerst nach Gottes Wirklichkeit,
ich kümmere mich um den Rest.
Geh hin, geh die zweite Meile, warte eine Weile, teile, heile.

Auf die Frage, was das Wichtigste sei
und unbedingt zu merken,
antwortete er mit Liebe.

Liebe und lass dich lieben.
Liebe Gott, deine Nächsten, dich selbst.
Und liebe sie alle auch dann noch, wenn sie dir feind sind.
Er predigte diese Liebe und demonstrierte sie.
Sie war das höchste Gebot für ihn, die größte Macht,
der einzige Weg.
Jesus zeigte mit seinem ganzen Leben:
Echtes Vertrauen in Gott zähmt die Angst.
Und verleiht innere Stärke.

Sein Leben, was er sagte und tat, war so tiefsinnig,
dass man nicht darüber hinwegsehen konnte.
Er provozierte die religiöse und die politische Elite
und brachte sich damit in Lebensgefahr.
Sein Einzug in Jerusalem hinterfragte den Anspruch
aller anwesenden Mächtigen.
Er wurde wegen Gotteslästerung verhaftet,
angeklagt und verurteilt.
Es war ein kurzer Prozess.
Vorher feierte er noch das heilige Teilen.
Er glaubte an Wandlung:
Dies Brot ist mein Leib und eure Herzen werden satt.

Dann wurde es immer enger, er liebte weiter.
Es wurde noch enger, er liebte weiter.
Er liebte und starb vor lauter Liebe.
Er hing. In der großen Lücke von Himmel und Erde.
Ein ganzes Wochenende lang, ewig und drei Tage, weil es
unerträglich lange dauerte.
Er erlebte Schmerz. Todesangst, Verlassenheit, Einsamkeit.
Abschied, Sterben, Ende.

Und so wie er zeit seines Lebens nie
über uns hinweggegangen ist,
nicht über die Erde stolziert, grub er sich
immer tiefer in unser Leben ein.
Er ging durch die Hölle
und beschenkte die Erde in ihrer
innersten Mitte mit Leben.
Und dann wurde er von Gott gerufen,
gefordert, geweckt.
Das Grab musste ihn hergeben.

Immer wieder braucht es Menschen, die aufstehen,
dieser hier ist die Auferstehung selbst.
Er begegnete einigen seiner Vertrauten.
Dass er lebte, brachte sie vollkommen aus dem Konzept.
Sie entdeckten:
Gott überwindet Vergeblichkeit, das Nichts,
die Angst, die Enge, den Tod.
Gott ist nicht zu verwechseln mit den Mächten,
die Opfer fordern.
Für keine noch so heilige Sache.
Er nimmt solche Opfer nicht an.
Gott ist ein Gott des Lebens.

Es ist die gründlichste Unterbrechung der Geschichte,
das Unglaublichste und Trotzigste des Glaubens:
Der Gescheiterte ist der Geliebte.
Der Verfluchte der Segen für alle.

Aus Jesus von Nazareth wurde
der auferweckte Christus des Glaubens.

Für mich ist Jesus ein Rabbi, der mich einlädt, seinen Weg zu teilen. Das Wichtigste wohl, was Martin Luther für sich entdeckt hat, war: Bei Christus wird es nicht eng. Niemals. Mein Konzept vom Glauben war falsch – mein dramatisches eigenes Drehbuch von Strafe und Verdammnis, von Vermittlung, Werken und Verlorenheit. Denn es war ohne die Liebe gedacht, die stärker ist als der Tod. Liebe, die größer ist als alles, was Angst macht. Es war ohne Liebe gedacht, die unsere menschlichen Möglichkeiten zur Versöhnung übersteigt. Die über den Tod hinausreicht und die Welt so erlöst.

Der Rabbi sagt einladend: »So wollen wir einander mehr lieben. Dann wird uns weit sein.« Die Liebe geht weiter. Sie überwindet. Sie erfüllt das Gesetz. Sie ist das Gegenteil von Angst. Sie rettet. Sie stößt auf Widerstand und an Grenzen. Und geht trotzdem weiter. Sie ist stärker. Sie ist für uns. Immer. Bedingungslos. Ewig. Trotz allem. Sie zähmt unsere Angst. Das ist der Weg des Glaubens. Der Liebe zu vertrauen, das ist Glauben.

**Der Liebe zu vertrauen, das ist Glauben.**

Jesus von Nazareth ist schon faszinierend. Als auferweckter Christus ist er außerhalb aller Kategorien. Mitreißend. Größer. Weiter. Stärker. Überwindet alle Vorstellungen. Alle Grenzen. Alle Klischees, Konzepte und Festlegungen. Christus widerspricht der Erfahrung. Er glaubt nicht an das Schicksal. Er gehorcht nicht dem Sowieso. Wie es ohnehin kommen muss. Er erwartet mehr. Etwas ganz anderes.

Ein Rabbi rief einst vor einer Fahrt einem Schüler zu, er solle sich zu ihm in den Wagen setzen. Eng wird es nicht. Wer sich lieb hat, freut sich über Nähe. Das ist die Faszination der Liebe, der Sog des Lebens. Am Ostertag erlebten die Vertrauten von Jesus die größte Überraschung. Luther merkte: Die Gnade bringt mich zum Staunen! Die Geschichte hat eine Wendung bekommen, von Gott bewirkt. Wir denken, es ist zu eng. Einer liebt weiter. Und nimmt uns mit auf Fahrt. (CB)

# – TAG 17 –
# JESUS – WO DIE LIEBE LEBT

Das »Allein Christus« wird uns von den Evangelisten des neuen Testamentes mit ganz unterschiedlichen Beobachtungen vor Augen gemalt. Jesus als der, der die Liebe ist und die Liebe lebt. Der Evangelist Markus erzählt beispielsweise eine herzbewegende Liebesgeschichte (Markus 14,3-9). Eine Frau kommt Jesus un-verschämt nahe. In der Tradition der Auslegungsgeschichte dieser Szene wurde immer wieder versucht, daraus eine erotische Episode zu konstruieren, aber das bleibt spekulativ.

Jesus war ganz Gott und ganz Mensch! Er war kein asexueller Halbgott, gefühlskalt und abgehoben. Die Evangelien berichten von Tränen, Trauer, Zorn, Zärtlichkeit, Wärme und grenzenloser Fürsorge. Er war die Liebe in Person. Er musste als Teenager durch die Pubertät mit allen Pickeln und verliebten Gefühlen wie seine Freunde aus der Nachbarschaft. Als seine Eltern ihn mit aufs Fest nach Jerusalem nahmen, spürten sie vielleicht zum ersten Mal, dass mit ihrem Jungen irgendetwas anders war. Er wollte mit den Tempeltheologen Glaubensfragen diskutieren, anstatt mit Mama und Papa brav nach Hause zu gehen. Er koppelte sich früh von der Fürsorge seiner Eltern ab und ging seinen Weg jenseits bürgerlicher Vorstellungen von Ehe und Familie. Jesus lässt sich nicht vereinnahmen in heimelige Familienbilder, er lässt sich nicht einfangen von den Erwartungen seiner Zeitgenossen.

Doch zurück zur »Liebesgeschichte«. Auf einmal erscheint in der Männerrunde eine Frau, die Johannes in seinem Bericht »Maria« nennt (Johannes 12,1-11), also die Schwester von Marta und Lazarus. Man kann nur ahnen, was in den Köpfen der Jünger vor sich geht. Die Bodyguards sind in Bereitschaft.

Unter den Falten ihres Gewandes verbirgt sie eine Parfum-Flasche. Einen Flakon aus Alabaster, das war ein durchsichtiges, porzellanartiges Material. Mitten durch die Gasse von Feindschaft und Bewunderung steuert die Frau auf Jesus zu. Vielleicht hat sie monatelang auf diese Begegnung gewartet. Ihr Leben ist neu geworden, voller Hoffnung und Zuversicht. Sie gehört doch zu den geistig Armen, von denen Jesus gesprochen hat. Nun weiß sie, was Jesus mit *makarios* gemeint hat. Glücklich, selig seid ihr, zu beglückwünschen seid ihr, die ihr euch hintenanstellt. Ihr werdet die große Erbschaft machen! Das hat sie nie vergessen.

Und als das Gerücht durch Betanien geht, Jesus sei mit seinen Hilfspredigern und Assistenten bei Simon zum Abendessen eingekehrt, da gibt es für sie kein Halten mehr. Ich möchte einmal Jesus etwas zurückgeben, einmal auf meine Art antworten können. Ich möchte ihm Liebe schenken, weil er mich zuerst geliebt hat und alles neu geworden ist. Was kann ich ihm schenken? Was tut ihm gut? Was ist wertvoll genug?

Die Frau gibt ein wenig mehr, sie geht über das Normalmaß netter Unverbindlichkeiten hinaus und wird damit zu jemandem, der die Welt verändert und von dem wir heute noch reden. Ich behaupte, dass sich nichts zum Guten verändert, wenn wir in unserer gutbürgerlichen Dienstleistungsmentalität verharren. Reformation und Transformation beginnen dort, wo wir aus dem Berechenbaren heraustreten, in jeder Hinsicht einen Schritt zu weit gehen.

Maria schenkt etwas Feminines, Intimes: Parfum. Narde. Ein erlesenes Wurzelöl, das über lange Karawanenwege aus der Himalaja-

*Reformation und Transformation beginnen dort,*
*wo wir aus dem Berechenbaren heraustreten,*
*in jeder Hinsicht einen Schritt zu weit gehen.*

Region nach Israel gelangt ist. Die Spitze der Kostbarkeit. Sie beugt sich über den zu Tische liegenden Jesus, bricht den Hals des Flakons auf und gießt den duftenden Inhalt über seinen Kopf und massiert das betörend riechende Öl in sein Haupthaar und auf die Stirn. Das ist eine Zumutung an Nähe und Intimität. Die Jünger sehen fassungslos zu, befürchten weitere unkontrollierte Gefühlseruptionen. Jesus lässt sie gewähren. Er ergibt sich der Liebe und Zuneigung dieser Frau. Er entzieht sich ihr nicht, obwohl ihre Zuneigung das Maß abgeklärter Distanz einer fremden Frau zu einem fremden Mann weit überschritten hat. So ganz schicklich ist das nicht. Und doch gibt sich Jesus dieser Flut von reiner, naturbelassener Liebe hin. Er wehrt sich nicht, er flüchtet nicht. Er badet in der Zuneigung dieser Frau. Er genießt die Nähe und die Pflege, die therapeutische Wirkung dieser Salbung, während die Jünger mit den Sandalen scharren. Da erteilt ihnen die Frau eine Lektion: Das ist Liebe!

Während es immer noch Männer gibt, die darüber diskutieren, was Frauen in der Gemeinde dürfen, ob sie denn predigen, lehren und leiten dürfen, füllen die Frauen schon längst die Kirchen und Gemeindezentren mit Liebe und Duft. Es wäre eine arme Kirche, wenn sie allein den Männern überlassen bliebe. Seit Beginn der weltweiten Gemeinde werden wir gesegnet durch den Dienst von Ordensfrauen, Nonnen, Diakonissen, Missionarinnen und Theologinnen. Wie reich hat Gott seine Gemeinde beschenkt durch den weisen, geduldigen und beziehungsorientierten Dienst der Frauen!

Wie viel Schaden wäre von der Gemeinde Jesu abgewendet worden, wenn wir mehr auf unsere Frauen gehört hätten!

Ohne Frauen in der Verantwortung der Gemeinde würde vielleicht korrekt gepredigt und die Kasse auf die siebte Stelle hinter dem Komma stimmen, aber es wäre kein Salböl drin, keine Wärme, keine Nähe, keine Zuwendung, keine Gnade. Eine Frau verschwendet Liebe aus Liebe zu Jesus. Ohne besitzergreifende Motive, ohne erotische und wirtschaftliche Interessen. So geht Liebe von denen aus, die sich ganz der Liebe Jesu ergeben haben. In unserer lust- und profitorientierten Gesellschaft brauchen wir genau dieses Lebenszeugnis: auf alles verzichten, um Jesus wohlzutun! Christliche Lebensgemeinschaften sind Oasen der Liebe, Refugien des Erbarmens, Filialen einer Bank, die ständig gibt und doch nicht Pleite macht! Die nächste Generation wird die Diakonissen-Mutterhäuser wieder ganz neu erfinden. Wenn begabte Frauen bei Entscheidungen in der Gemeinde mit am Tisch sitzen, wird mancher Wortbeitrag eines Mannes auf geheimnisvolle Weise kultiviert, bevor er das Gebiss verlässt.

**Christliche Lebensgemeinschaften sind Oasen der Liebe, Refugien des Erbarmens, Filialen einer Bank, die ständig gibt und doch nicht Pleite macht!**

Jesus nimmt die Frau in Schutz. An anderer Stelle kritisiert er den Luxus, die Verschwendung. Hier erkennt er die grenzenlose Liebe an. Freundlich, aber bestimmt werden die Jünger abgebürstet: »Lasst sie doch. Sie hat ein gutes Werk getan. Von dieser Frau wird man noch lange reden!«

Eine dezente Ohrfeige für die Glaubenshelden, für die Berechner eines effektiven Dienstes für Jesus. Betretenheit. Schweigen. Und Judas bereitet den Verrat vor. Ist dies der Tropfen, der das Fass zum Überlaufen bringt?

Ausgerechnet eine Frau salbt Jesus. Und das ist nicht eine Episode, eine Randnotiz des Evangeliums. Sie steht in der theologischen Mitte, ist ein heilsgeschichtlicher Akzent des Passionsgeschehens.

Die Frau salbt Jesus zum König, obwohl er schon auf dem Weg zum Galgen ist. Keiner hat den Messias, den Gesalbten Gottes, gesalbt. Die Frau tut es. Nicht als inszenierten und dem höfischen Protokoll entsprechenden Akt, sondern einfach nur aus Liebe.

Und sie salbt ihn zum Begräbnis, obwohl er noch lebt. Sie nimmt prophetisch die Totensalbung vorweg. Nicht die Glaubenshelden Marke Petrus haben dies vollbracht, sondern eine Frau, die sich das Recht genommen hat, rücksichtslos zu lieben.

So ist Jesus! Er ahnt, in welche Bedrängnis diese Frau geraten wird, wenn die rechtschaffenen bibeltreuen Brüder über sie herfallen werden. Er deutet ihren leidenschaftlich gewagten Auftritt theologisch: »Liebe Assistenten, merkt ihr denn gar nicht, dass sie mich gerade zum Begräbnis gesalbt hat?« Genial, wie Jesus diese Frau aus dem Sperrfeuer der Wahrheitswächter zieht. Natürlich hat sie Jesus nicht symbolisch zum Begräbnis gesalbt. Das hätten wir Männer gern. »Das war ein allegorischer Auftritt, ist doch klar. Die wollte ja Jesus keine Liebe erweisen! Die wollte ein symbolisches Ritual an ihm vollziehen.« So mögen die Jünger gedacht haben. Doch Jesus deutet die Liebe dieser Frau theologisch, um sie zu schützen. Da muss den Jüngern jedes Argument im Halse stecken bleiben.

Es läuft alles auf die Frage der Liebe raus. Liebe verändert die Welt. (JM)

## EXTRA:
## LUTHER ALS FAMILIENMENSCH

Es war einer der gemütlichen Herbstabende am Kachelofen im Hause Mette in Marburg. Meine Frau hatte Gäste eingeladen, die allesamt nicht sonderlich fromm waren. Nach dem Essen fühlte ich, der Hausherr, mich verpflichtet, einen geistlichen Impuls zu geben. Als ich vor meinem Bücherregal stand, kam mir die spontane Idee, ein wenig aus Luthers Tischreden zu rezitieren. Das war ganz und gar keine gute Idee. Ich hätte mich vorher wenigstens etwas einlesen und eine gepflegte Auswahl treffen sollen. Stattdessen schlug ich wohlgelaunt das Büchlein auf und begann unbekümmert zu lesen, nicht wissend, dass ich gerade in einen Abschnitt geraten war, in dem sich Dr. Martinus über die Anatomie des weiblichen Gesäßes in einer etwas derben Weise geäußert hat. Ich bekam rote Ohren, stotterte ein wenig verlegen herum, brach ab und fand schließlich doch noch einen jugendfreien Abschnitt.

So frage ich eine Expertin, die es wissen muss: Katharina Bärenfänger, Assistentin für Reformationsgeschichte an der Theologischen Fakultät der Universität Tübingen. Sie beschäftigt sich wissenschaftlich mit den Tischreden von Martin Luther und mit seinem Familienleben.

**JM:** »Katharina Bärenfänger, war Luther ein derbes Lästermaul oder war er einfach ein Kind seiner Zeit?«

**KB:** »Luther liebte es konkret. Und das hat einen guten Grund. Luthers Herzensanliegen war es nämlich, seinen Zeitgenossen anschaulich vor Augen zu malen, was er selbst von Gott erkannt hatte: Gott ist heilig – aber nicht unnahbar. Er ist überall – aber vor allem ist er konkret hier und jetzt. Für Luther ist Gott ein *Alltagsexperte*. Und deswegen kann Luther auch mitten im Alltag – abends am Tisch im Kreis seiner Freunde und Familie – von Gott reden. Einige Studenten waren davon so fasziniert, dass sie ihren Griffel gezückt und mitgeschrieben haben. So entstanden Luthers sogenannte ›Tischreden‹.

Für Luther ist Gott außerdem ein *Menschenexperte*. Jedes Blutblättchen in unseren Adern ist Gott vertraut. Deswegen ist auch jedes Körperteil wert, von uns beachtet und erwähnt zu werden. Je natürlicher und konkreter, so Luthers Gedanke, desto mehr ehren wir damit Gott, der uns genau so geschaffen hat. Je humorvoller und anschaulicher, desto tiefer erreichen wir dadurch unsere Herzen gegenseitig. Ja, Luther war mit seiner derben Sprachmalerei in vielem ein Kind seiner Zeit. Er verstand sich aber vor allem als ein Kind seines himmlischen Vaters. Und davon redete er – beinahe unerträglich konkret, manchmal anstößig anschaulich, fast immer aber herrlich humorvoll.«

**JM:** »Das war ja schon eine abenteuerliche Konstellation, zwei ehemalige Ordensleute an einem Tisch und in einem Bett. Er nannte seine Gemahlin respektvoll ›Herr Käthe‹. Wie war Luther als Ehemann?«

**KB:** »Zunächst war Luther vor allem eines – *irritiert*. In einer Tischrede erinnert er sich an sein erstes Ehejahr:

›Ist einer die Ehe eingegangen, hat einer das erste Jahr seltsame Gedanken. Wenn einer am Tisch sitzt: Sieh, denkt einer, eine Weile warst du allein, jetzt beisammen. Im Bett, wenn einer sich umsieht, sieht er ein Paar Zöpfe, die er zuvor nicht gesehen hat.‹

Aber auch Katharina stand vor völlig neuen Herausforderungen. Wie sollte eine einstige Nonne wissen, wie man Kinder abstillt? Deswegen war Luther als Ehemann vor allem – *ansprechbar*. Die Frage mit dem Abstillen wurde konkret, als er 1530 mehrere Monate auf Geschäftsreise war – und damit eigentlich gerade nicht ansprechbar. Katharina fragte ihn trotzdem um Rat. Und er antwortete ihr brieflich von der Coburg aus: ›Ich halte, wo du willst absetzen und entwöhnen, dass es gut sei, meylinger weise.‹ Allmählich, also nach und nach. Diesen Rat hatte ihm eine ältere Dame gegeben. Und er entsprach Luthers Grundsätzen. Auch reformatorisch plädierte Luther ja immer wieder für ein behutsames, ›allmähliches‹ Vorgehen.

Und schließlich war Luther – *fantasiebegabt*. Der kleine Martin war gerade erst ein halbes Jahr und wurde noch gestillt, als Katharina zum fünften Mal schwanger wurde. Luther erschloss sich diese besonders strapaziöse Situation seiner Frau auf eigene Weise: ›Als seine Frau schwanger war und dennoch das andere Kind noch stillte, sagte er: Es ist schwer, zwei Gäste zu ernähren, einen im Haus, den anderen vor der Tür.‹ Was es heißt, Gäste zu haben, das wussten Luther und Katharina als Betreiber der studentischen Burse nur zu gut. Die Studenten lebten mit ihnen im Schwarzen Kloster und saßen mit am Tisch. Bei einer Schwangerschaft, so Luthers Gedanke, kommt also ein Gast, der neun Monate bleibt – und volle Kost und Logis beansprucht.

Aller guten Dinge sind drei ... Dass Luther zudem auch noch recht *freigiebig* war und Katharina zuweilen ihre liebe Not mit den Finanzen hatte, sprengt den Rahmen dieser Darstellung. Es sei nur so viel angemerkt: Luther war Theologe, kein Ökonom. Und so lautet sein Vermächtnis: ›Mein lieber Sohn und liebe Käthe, ich lasse euch nichts, aber einen reichen Gott habe ich, der ein Vater der Waisen und Richter der Witwen ist; den lasse ich euch. Er wird euch wohl ernähren.‹«

**JM:** »Wie müssen wir uns Luther als Vater einer quirligen Kinderschar vorstellen? So wie es ein Maler dargestellt hat: Luther mit einem Saiteninstrument umringt von den lieben Kleinen?«

**KB:** »Im 19. Jahrhundert stellte man sich Luther und seine Familie so vor. Gutbürgerlich. Geordnet aufgereiht: Johannes (*1526), der älteste Sohn, meist eng verbunden mit seiner Schwester Magdalena (*1529), daneben Martin (*1531) und Paul (*1533), die beiden Spielgefährten, und dann die kleine Margaretha (*1534) auf dem Schoß ihrer Mutter. Elisabeth (*1527) fehlt, denn sie ist schon als Säugling gestorben. Eine Familienidylle – allerdings wohl eher des 19. Jahrhunderts. Den Weihnachtsbaum jedenfalls, der oft in der Ecke steht, gab es zu Luthers Zeit noch nicht. Aber auch sonst hört sich die Überlieferung aus dem 16. Jahrhundert irgendwie anders an. Dort wird berichtet: ›Doktor nahm sein Kind zu sich, da schiss es auf ihn, da sagte er: Ah, wie muss unser Herrgott so manch gut Murren und Gestank von uns leiden, [nicht] anders als eine Mutter von ihrem Kind.‹ Seine eigenen Vatergefühle versetzten Luther in Staunen über die Größe und Geduld von Gottes Vaterliebe zu uns. So entfuhr es ihm: ›Wie hast du es verdient, oder warum soll ich dich so lieb haben, dass ich dich zum Erben mache dessen, was ich habe? Mit Scheißen, Pinkeln und Weinen, und dass du das ganze Hause mit Schreien erfüllst, dass ich so sorgfältig für dich sein muss?‹ – Der Stoßseufzer eines hart arbeitenden Vaters mit ›Homeoffice‹, wenn die Geräuschkulisse im Schwarzen Kloster wieder einmal von den jüngsten Familienmitgliedern bestimmt wurde. Dennoch war selbst Luthers Arbeitszimmer keine Tabuzone für seine Kinder. Theologe und Familienvater zu sein, das gehörte in Luthers Leben zusammen, auch räumlich: ›Mein Hans, wenn ich schreibe, tue etwas, so singt er mir ein Liedchen daher, und wenn er es zu laut will machen, so fahr ich ihn ein wenig an, so singt er gleich wohl fort, macht's aber heimlicher, mit einer gewissen Ehrfurcht und Sorgfalt. Ebenso will das Gott: Wir sollen stets fröhlich sein, aber mit Ehrfurcht.‹ Dieses ehrfurchtsvolle Vertrauen gegenüber Gott in seinen Kindern zu stärken, darum bemühte sich Luther als leiblicher und geistlicher Vater.

Und so sprach er mit ihnen mehrere Sprachen väterlicher Liebe. Er herzte und küsste sie. Kreierte Kosenamen. War dabei, wenn sie gestillt und gewickelt wurden. Segnete sie abends vor dem Einschlafen. Mit seiner Tochter Magdalena spielte und fantasierte er über den Himmel. Und mit Martin, einem kleinen Schalk, scherzte er und hatte ›größten Spaß‹, als dieser seine zukünftige Braut festlich schmückte und innig beschützte.

Seine Familie und seine Kinder – Bereiche in Luthers Leben, die ihn theologisch inspirierten – wurden auch zu den Bereichen, die ihn geistlich und persönlich in besonderer Weise herausforderten. 1527 grassierte die Pest in Wittenberg. Als nach Monaten des Bangens um seine schwangere Frau und das kränkelnde Hänschen die Gefahr endlich gebannt schien, starb im Sommer 1528 seine kleine Tochter Elisabeth mit knapp acht Monaten. Luther geriet in eine tiefe Krise. Seinem Freund Nikolaus Hausmann schrieb er: ›Mein Töchterlein Elisabethchen ist mir gestorben. Wundersam, wie kummervoll sie mir das Herz zurückgelassen hat, beinahe weiblich, so bewegt mich das Mitleiden mit ihr. Ich hätte zuvor niemals geglaubt, dass väterliche Herzen so weich werden um eines Kindes willen.‹ Jahre später, beim Tod seiner zweiten Tochter Magdalena, sie stirbt dreizehnjährig, ist es das Verständnis von Gott als Vater, das sich angesichts dieses tiefen Leidens für Luther als tragfähig erweist und in das er seine Tochter und sich selbst weinend, ringend und schließlich in ehrfürchtigem Vertrauen birgt.

Luther war offensichtlich ein Vater zum Anfassen. Und was es bedeutet, dass Gott Vater ist, erschließt sich ihm dadurch in ganz neuen Tiefendimensionen.« (JM)

# − TAG 18 −
# VENKATESH
# UND DAS FEUER

Dies ist eine Christus-Geschichte aus Indien. Die Geschichte von Daniel, mit dem Geburtsnamen Venkatesh. Als ich ihn kennenlerne, ist er schon achtzehn, und wir treffen uns in einer der Großstädte des Südens. Sein Herkunftsort, ein kleines Dorf, musste einem großen Staudamm weichen. Immer wieder führt der Bau von großen künstlichen Talsperren und Schleusen dazu, dass ganze Dörfer evakuiert werden. Mit Armeegewalt, denn die Bewohner gehen nicht freiwillig. Oft müssen die Bewohnerinnen und Bewohner ihre Häuser fluchtartig verlassen, weil das Wasser steigt, ohne dass sie rechtzeitig und richtig gewarnt worden sind. Viele Familien erhalten keinerlei Entschädigungen, andere bekommen zwar neue Häuser, die aber oft viel zu klein sind für ihre Großfamilie oder schon undichte Dächer haben.

Venkatesh hat eine andere Erfahrung gemacht. Sein Dorf wurde niedergebrannt. Die Hütten, aus Holz, Ästen und Blättern gebaut, wurden abgefackelt. Sein ganzes Dorf wurde zu einem Kessel. Eingekreist vom Feuer konnten sich viele nicht mehr retten und kamen in den Flammen um. Venkatesh hat in einer Nacht sein Zuhause und seine Eltern verloren.

Wenn man ihn heute fragt, was ihm die Hoffnung gibt, weiterzu-leben, zu studieren, zu lieben, zu schenken, nennt er drei Namen:

Zuerst: Arundhati Roy. Sie ist eine indische Schriftstellerin. Mit ihrem Buch *Der Gott der kleinen Dinge* hat sie einen Bestseller ge-schrieben und viele Preise gewonnen. Sie ist eine Aktivistin, eine Frau, die für die Rechte der Armen kämpft. Dabei hat sie sich schon mit den Allergrößten angelegt, ist schon ein paar Mal im Gefängnis gelandet, gerät immer wieder unter Druck. Sie entlarvt die Metho-den der Staudamm-Firmen und macht sie öffentlich. Sie schreibt und spricht und wird nicht müde, darauf hinzuweisen, dass weder die weggeschwemmten Dörfer im Norden noch die Trockenheit im Süden des Landes Schicksal, Karma, sind, sondern selbst gemacht.

Venkatesh nennt zweitens Jayapaul. Einen Mann, der selber als Halbwaise von dem deutschen Kinderhilfswerk »Kindernothil-fe« unterstützt worden ist und dann als Erwachsener ein eigenes Kinderhilfswerk und Waisenhaus gegründet hat. Venkatesh hat in diesem Kinderheim ein Zuhause gefunden. Hier konnte er mit an-deren Kindern aufwachsen. Bekam ein Bett und seinen Platz. Er konnte zur Schule gehen, lernen und studieren. Und hier konnte er seine Geschichte erzählen. Von seinem Dorf, seinen Eltern und der Nacht, die ihm alles nahm. Immer wieder, wenn er nachts aufwach-te, weil er in einem Albtraum vom tödlichen Feuer verfolgt wor-den war, wurde er beruhigt. Wenn er weinte, seine Eltern vermisste und Angst bekam, die Flammen würden eines Tages auch ihn erwi-schen, wurde er in die Arme genommen und getröstet.

Im Kinderheim »Shalom« (Friede) wurde gespielt, getanzt, mu-siziert, gekocht, gebetet und gesungen. Und Venkatesh hörte zum ersten Mal Geschichten aus der Bibel. Da gab es zum Beispiel die Erzählung von einem brennenden Dornbusch. Ein merkwürdiges Phänomen, das Mose mitten in der Wüste sah. Ein Busch, der lich-terloh brannte, aber nicht verbrannte. Eine faszinierende Vorstellung für Venkatesh. Eine andere Geschichte aus dem Buch Daniel berichtete davon, wie drei Männer in einem Feuerofen überlebten. Bestraft von einem zornigen, eitlen König, der nicht fassen konnte, dass nicht einmal ihre Klamotten nach Rauch stanken, als sie aus dem Ofen stiegen. Venkatesh konnte es nicht fassen: Gott war mächtiger als Feuer? Das klang unglaublich faszinierend.

Den dritten Name, den er nennt, ist Jesus. Jesus, der weiß, was es heißt, ein Mensch zu sein. Der selber durch den Tod ging und durch die Hölle. Der auferweckt wurde. Der größte Eroberer ohne Waffen. Der größte Befreier ohne Gewalt. Sieger über alles, was tödlich ist und Angst macht. Der Lebendige.

**Jesus – der größte Eroberer ohne Waffen. Der größte Befreier ohne Gewalt. Sieger über alles, was tödlich ist und Angst macht. Der Lebendige.**

Für Venkatesh waren die Bilder und Geschichten der Bibel eine Mischung aus Albtraum und Wunschtraum. Unfassbar schrecklich, bedrohlich und erlösend, alles gleichzeitig. Er fragte Jayapaul nach diesem Jesus. Und hörte vom Feuer der Liebe. Er fragte so lange, bis er sich entschied, diesem Jesus zu vertrauen und Christ zu werden.

Christ zu werden, ist in Indien riskant. Es kann gefährlich werden. »Indien den Hindus« ist eine Parole, die immer wieder von einflussreichen Politikern und Politikerinnen zu hören ist. Christliche Einrichtungen, Schulen, Hilfswerke und Gottesdienste werden beobachtet. Sie werden manchmal gestört. Taufen werden mit einem Vermerk im Ausweis registriert. Und trotzdem sagte Venkatesh eines Tages: »Ich glaube, das Allergrößte für mich wäre, getauft zu werden.« Er erklärte, das Schönste gegen seine Angst vor dem Feuer wäre das Wasser der Taufe. Die alte Angst würde überwunden werden von dem guten Feuer von Jesus. Von der Liebe, die im Herzen brennt. Venkatesh wurde getauft und bekam den Namen Daniel.

**Das Schönste gegen seine Angst vor dem Feuer
wäre das Wasser der Taufe.**

Immer, wenn er erzählt, wie er zu seinem neuen Namen kam, strahlt er. Er erzählt mir bei späteren Besuchen, wie es weiterging. Dass er als Sozialarbeiter in Indien unterwegs ist. In Schulen mit Kindern und Jugendlichen über Gott redet. Dass er wunderbare Erfahrungen dabei macht. Weil das Feuer der Liebe wichtiger ist als das Kastensystem. Weil die göttliche Liebe keine Unterschiede macht, keine Hierarchien kennt. Weil sie alle meint, egal, welche Hautfarbe, Mann oder Frau, arm oder reich. Unabhängig von der Herkunft, der Vergangenheit und Erziehung. Alle haben Würde, sind willkommen.

Auch für Martin Luther war Christus der Überwinder der Angst. Der Befreier, der ihn aus dem Höllenfeuer gerettet hat. Aus den Albträumen von Strafe, Gericht, Heulen und Zähneklappern, Flammen, Schwefel und teuflischen Mächten. Daniel Venkatesh hat die Freiheit eines Christenmenschen gefunden. Mit Bildung einen Ausweg aus der Armut. Mit der Bibel heilsame Gegenbilder zu seinen schmerzhaften Erfahrungen. Mit Christus die Liebe, die größer ist als alles, was Angst macht. (CB)

# – TAG 19 –
# RABBI JESCHUA
# UND SEINE SCHÜLER

Die Sendung Jesu in diese Welt ist auf Multiplikation angelegt, auf persönliche Inspiration, auf Ansteckung. Jesus wollte seinen Auftrag inmitten eines Teams erfüllen. Er war unterwegs in Galiläa und traf Menschen. Er saß nicht als Gelehrter in einem geschützten Winkel des Tempels oder einer Synagoge, sondern erfüllte seine Berufung unterwegs. So traf er »des Weges« auf allerlei Typen, die er wohl bei der Arbeit beobachtet hat. Jesus hatte Menschenkenntnis und darum hat er »Talente« schnell entdeckt und sich entschlossen, ausgerechnet diese Typen in sein Team zu rufen.

Er hat sie – soweit wir wissen – nicht in ein Schulungsprogramm genommen und einen Eignungstest verlangt; es gibt nicht einen, der sich im klassischen Sinne bekehrt hat. Jesus hat diese Typen nicht getauft, nicht diplomiert und nicht ordiniert. Er hat sie einfach gerufen und sie sind mit ihm gegangen. Es begab sich. Entlang des Weges.

Zwölf mussten es sein, und als einer ausgefallen war, wurde nachnominiert. Das war in der Zeit der Wirksamkeit Jesu kein ungewöhnliches Modell. Überall waren Rabbiner unterwegs, umgeben von einem kleinen Trupp von Schülern. Es war ein alltägliches

Bild. Ein Lehrer will Schüler, sonst müsste er sein Wissen in den Wind oder vor die Wand reden. Ein Lehrer will »learning by doing« praktizieren, »training on the job«. Dass Martin Luther in seiner Übersetzung die Schüler »Jünger« nannte, obwohl sie oft genug alt aussahen, hat etwas zu bedeuten. Das althochdeutsche *Jungiro* bedeutet Lehrling. Nicht Student, sondern Lehrling. Der Evangelist Lukas legt Wert auf den Hinweis, dass auch Jüngerinnen, also weibliche Teammitglieder, in der Gefolgschaft Jesu waren, z.B. Maria Magdalena. In der namentlichen Aufzählung des Kernteams kommen sie allerdings nicht vor.

In Matthäus 10,2-4 wird uns das Team vorgestellt:

Simon Petrus, so etwas wie der Inbegriff des Jüngers schlechthin. Kernig, kräftig, ein Binnenfischer. Kephas – Fels in der Brandung. Begeistert, enttäuscht, erschüttert, waghalsig. Ein Draufgänger. Ein militanter Ohrenabschneider. Offensichtlich verheiratet, wir erfahren von seiner Schwiegermutter, aber nichts von seiner Frau. Einer, der die Spannung zwischen Wissenschaft und Glaube auflöste, das Boot verließ und allen Ernstes über den See joggen wollte, um seinen Glauben zu testen. Es ging letztlich schief, er wurde nass, gurgelte in die Tiefe, aber Rabbi Jeschua brachte ihn ins Trockene. Dieser Hallodri war es, der im kritischen Augenblick nichts mehr wusste und nichts mehr wissen wollte und den verehrten Rabbi Jeschua, und damit das Team und die Botschaft, aufs Schmählichste verriet. Der wäre der Letzte gewesen, den ich mir ins Team geholt hätte. Weil er alles ist, nur nicht teamfähig. Aber wenn wir seine Entwicklung beobachten, spricht alles dafür, dass dieser Mann viel für sein Leben gelernt hat. Petrus, eine scheinbare Fehlbesetzung, aber einer wie Sie und ich. Eine ehrliche Haut und verlogen und feige zugleich.

**Simon Petrus wäre der Letzte gewesen,
den ich mir ins Team geholt hätte.
Weil er alles ist, nur nicht teamfähig.**

Johannes und Jakobus, die sogenannten Donnersöhne. Unverschämt, überheblich, mit enormem Interesse an der himmlischen Pole Position. Wer sitzt beim Chef? Wer solche Typen im Team hat, wird viel Mühe haben, die Fronten zu klären und die Zerrüttung der Mannschaft zu verhindern. Hat sich Jesus verguckt? Nein. Er hält solche Typen aus und wir finden uns in ihnen wieder. Johannes ragt aus dem Jüngerteam heraus, als weiser und nachdenklicher Nachfolger Jesu, Säule der Gemeinde.

Matthäus. Zöllner. Ein Vertreter der römischen Besatzungsmacht, einer, der um des schnöden Profits willen seinen Patriotismus überwand und seine Landsleute gnadenlos abkassierte. Typen wie er hatten Macht, sie verzollten alles, ohne die Preisliste auszuhängen. Inbegriff des Sünders. Ein starkes Signal, das Jesus da setzte. Ein Abkassierer in den Reihen derer, die die Botschaft vom kommenden Reich Gottes verkörpern sollten.

Simon, der Zelot, der Kanaanäer. Einer, der nationalistische Gefühle hegte und jederzeit bereit war, gegen die verhasste römische Besatzungsmacht anzutreten. Zeloten waren Typen, denen das Messer locker in der Jacke steckte. Also ein hochpolitischer Überzeugungstäter. Seltsame Personalpolitik: Was hatte der in einem friedlichen Team zu suchen, das sich der Gewaltlosigkeit verpflichtet hatte?

Thomas. Inbegriff des Zweiflers. Als nach der Kreuzigung des Meisters alles aus und vorbei war, fehlte er im wichtigsten Augenblick, nämlich als Jesus sich den Jüngern als der Auferstandene zeigte. Thomas-Typen fehlen, wenn es drauf ankommt. Was hatte der in einem Team zu suchen, das eine Weltveränderungsbotschaft auf dem Herzen hatte?

Judas, der zwielichtige Typ aus Kariot. Der Einzige im Jüngerteam, der aus Judäa kam, nicht aus Galiläa. Ein Außenseiter? Kassenführer. Möglicherweise einer, der Jesus mehr geliebt und verehrt hat als alle anderen, aber an ihm irre geworden ist und ihn schließlich verraten hat.

Und die weniger prominenten Jakobus, Philippus, Andreas, Bartholomäus, Thaddäus. Männer mitten aus dem Leben. Prototypen der verschiedensten Charaktere, zu jeder Zeit- und Kulturepoche Spiegelbilder der Männergesellschaft.

Wir erleben diese Typen ängstlich, in Panik, aufgebracht, empört, verzagt und verzweifelt. Immer dann irritiert, wenn Jesus so ganz anders lehrte und lebte, wenn er so gar nicht ihre Erwartungen bediente. Aber auch überrascht, ergriffen, motiviert und siegessicher. Würde Jesus heute in unseren Breitengraden unterwegs sein, würde er sich wieder solche wackligen Kandidaten und vollmundigen Bekenner und zweifelnden Schlappmänner zu einem Team formen?

Paulus hat diese Idee von der Teamarbeit übernommen und definiert sein Teamprinzip so: »Und was du von mir gehört hast vor vielen Zeugen, das befiehl treuen Menschen an, die tüchtig sind, auch andere zu lehren« (2. Timotheus 2,2).

Auch Martin Luther, obwohl Inbegriff des Einzelkämpfers, durfte auf ein verlässliches Team von Freunden und Beratern setzen:

Philipp Melanchthon, der »Lehrer Deutschlands« genannt. Theologischer Berater, Stellvertreter und Fortsetzer der Reformation nach Luthers Tod, Autor der Bekenntnisschrift »confessio augustana« und schließlich Stratege eines neuen Schul- und Universitätswesens.

Johannes Bugenhagen, der Organisator der Reformation, aber auch Beichtvater Luthers.

Justus Jonas, persönlicher Freund und Mitdenker.

Georg Spalatin, geschickter Mediator zwischen Luther und der politischen Klasse.

Es gibt so manche dramatische Beispiele für solistische Einzelkämpfer im Reich Gottes, die nichts und niemanden neben sich geduldet haben. Ihr Werk war meistens nicht von langer Haltbarkeit. Die Idee Gottes war die Zweierschaft, wie sie Mose und Aaron gelebt haben, Josua und Kaleb, David und Jonatan, Jesus und seine Jünger, Paulus und sein Apostelteam. Die verschiedenen Charaktere standen in einem Prozess der Heiligung, der Veredelung ihrer natürlichen Gaben, der Zubereitung zu einer demütigen Lebenshaltung, in der einer den anderen höher achtete als sich selbst.

**Es gibt so manche dramatische Beispiele für solistische Einzelkämpfer im Reich Gottes, die nichts und niemanden neben sich geduldet haben. Ihr Werk war meistens nicht von langer Haltbarkeit.**

Sosehr wir die Pioniere der Mission und Evangelisation schätzen und ehren, so sehr sollten wir dafür Sorge tragen, dass solche herausragenden Talente sich untereinander ergänzen und korrigieren, damit sie nicht fallen und scheitern. Oft genug sind es die alten einsamen Recken, die keine Freunde mehr um sich haben, keine theologische Korrektur mehr empfangen, weil sie selbst das Maß aller Dinge sind. Solche einsamen Streiter brauchen liebevolle Freunde und Brüder, die sie in den Arm nehmen und im richtigen Moment hinter die Bühne führen.

Ich habe mir über viele Jahre angewöhnt, in Konfliktsituationen konsequent nach dem Kriterium *solus Christus* zu handeln. Das ist nirgends schöner ausgedrückt als im Christus-Hymnus im Brief des Paulus an die Philipper:

> Gibt es nun irgendwelche Ermahnungen in Christus, gibt es Zuspruch der Liebe, gibt es Gemeinschaft des Geistes, gibt es Herzlichkeit und Erbarmen, so machet meine Freude völlig, indem ihr eines Sinnes seid, gleiche Liebe habt, einmütig auf eins bedacht seid, nichts tut aus Parteigeist oder eitle Ruhmsucht, sondern durch Demut einer den anderen höher achtet als sich selbst, indem jeder nicht nur das eine ins Auge fasst, sondern auch das des anderen. Denn ihr sollt so gesinnt sein, wie Jesus Christus auch war. (Philipper 2,1–5; SCH)

(JM)

## EXTRA: AUS LUTHERS LEBEN 3

## EIN REFORMATOR

Alles erscheint in neuem Licht. Gerechtigkeit wird nicht mit guten Taten selbst geschaffen. Kein eigenes Verdienst muss Gott milde stimmen. Kein noch so großes Opfer. Es ist nicht nötig, auch nicht möglich, Gott umzustimmen. Gott schenkt. Aus sich heraus. Aus freien

Stücken. Aus liebendem Herzen. Das ist Gnade. Sie ist Luthers Rettung. Sie bedeutet Freiheit und Leichtigkeit. Frieden. Angstfreie Zukunft.

## EIN ÄRGERNIS

Von hier aus erklärt sich wohl alles Weitere. Luther muss über seine Entdeckung reden. Teilt sie als Professor in seinen Vorlesungen. Kann den Mund nicht halten. Und mit der Freude über die Entdeckung der Gnade wächst auch der Zorn auf die Kirche, die vor allem die einfachen Leute in Todesangst versetzt. Er kritisiert. Prangert an. Greift an. Er predigt öffentlich und wuchtig. Seine Kanzelreden sind beliebt. Die revolutionäre Art des jungen Theologen spricht viele an. Großes Thema ist die gängige Ablasspraxis.

Die Idee war: Die Seele wird in der Hitze des Fegefeuers gereinigt. Bei der einen dauert es länger, bei der anderen geht es schneller. Je nach Lebenswandel. Je nachdem, wie viele schlechte Taten gesühnt werden müssen, wie viel Dreck im Seelen-Gold steckt. Man kann diese Zeit verkürzen. Auch die Zeit, die die Angehörigen, Verstorbenen im Feuer leiden. Durch Buße, Gebete, gute Werke der Barmherzigkeit, Spenden – wenn man einen Ablassbrief kauft. Besonders wirkungsvoll ist einer, der den Bau des Petersdoms in Rom finanziert. Werke verringern das Leiden nach dem Tod. Ablassprediger ziehen durchs Land und verkaufen Heilszeit. Diese Idee (und die damit verbundenen Bräuche, Drohungen und Ängste) bringt Luther in Rage. (CB)

# – TAG 20 –
# MIR LIEBE
# KATHOLISCHE IDEEN

Bei allen Geschenken und Ideen, die wir Luther verdanken: Ich bin manchmal traurig, dass die große katholische und die neuere protestantische Tradition nicht einig sind und nicht gemeinsam feiern. Es gibt Aspekte des christlichen Glaubens, die als »typisch katholisch« gelten. Ich möchte vier von ihnen vorstellen, die mir lieb und teuer sind. Sie zeigen mir Christus und vertiefen mein Vertrauen in ihn.

Zuerst: das gute alte Fegefeuer. In einem herausfordernden Text des Neuen Testaments heißt es: Christus ist das Fundament. Unsere Werke, die wir darauf aufbauen, sind aus Gold, Stein, Holz, Stroh und Schilf. Das Feuer des Gerichtes wird die Qualität dieser Werke zeigen. Abschließend steht dort: »Aber ihr werdet trotzdem alle gerettet werden, wie durchs Feuer gegangen« (1. Korinther 3,15; eigene Übersetzung).

Gericht ist wie ein Feuer. Läuterungsfeuer. Hier hat die Lehre vom Fegefeuer ihren biblischen Bezug. »Sie werden alle gerettet, aber wie durchs Feuer.« Daraus entstand die Vorstellung, dass die Seele durch die Zeit in der Hitze des Höllenfeuers gereinigt wird. Bei dem einen dauert es länger, bei der anderen kürzer. Je nachdem, wie viel Dreck im Gold ist. Noch kürzer wird es, wenn man einen Ablassbrief kauft ... Das mag manch Modernem mittelalterlich absurd erscheinen. Es kann auch wütend machen. Aber die gute Nachricht des Fegefeuers heißt: Du darfst dreckig in den Tod gehen. Das Feuer der Liebe wird dich läutern. Umfassende, universale Hoffnung – die Rettung aller durch das Feuer der göttlichen Liebe! Läuterung reinigt und vollendet uns. Das Feuer der Liebe schmilzt uns rein, heil, pur. Ich liebe Fegefeuer. Das Gericht bringt zurecht. Es dient der Klärung. Es wird Tränen geben. Und dann ist es gut. Vollkommen.

Wasser du und Feuer du,
im Leben bist du mir
wie reines Wasser,
weil du wie niemand sonst
das große Sehnen
meiner Seele stillst.
Im Tod bist du mir
dann wie reinigendes Feuer,
das meine Seele wie den Schatz aus Gold
in deine Nähe schmilzt.

Zweite kostbare Idee: die Jungfrau Maria. Die Gottes-Erfahrung muss diesen Menschen Maria so durch und durch verändert haben, dass auch ich denken kann: Sie war Gott vollkommen nah. Da stand nix mehr zwischen ihr und Gott. Sie hatte keine Zweifel mehr. Eine wahrhaftige Heilige. Ich finde es verständlich, dass man dachte: Sie muss vollkommen sein. Nach dieser Gotteserfahrung! Die Begegnung mit Gott ist einfach nur unglaublich. Ein Erlebnis, das ihren Körper und ihr Denken, ihre Gefühle, ihren Schoß, sie ganz berührte. So total! Ja, das ist etwas ganz Besonderes. Wer dieses Paradox erlebt hat, Jungfrau zu sein und doch Mutter, der hat in sich Gegensätze vereint, Gott und Mensch.

Ich habe Respekt vor denen, die über Jahrhunderte Maria verehrt haben. Auch zu ihr gebetet haben. Ich persönlich wende mich direkt an Gott. Aber ich weigere mich zu urteilen, dass Gebete, die sich an Maria wandten, alle verpufft sind im Nichts. Gott hat doch viele Wege, unsere Seufzer und unser Flehen zu hören. Ich kann mir vorstellen, dass er freiwillig ein Hörgerät Marke Maria nutzt. Wer aufgeklärt meint, das sei alles ins Leere gehofft, verhält sich respektlos.

In der Theologie war Maria übrigens über lange Jahrhunderte nicht sehr beliebt. Sie gehörte den Armen, den Einfachen, den Frauen Südamerikas und Süditaliens. Ja, sicher, sie wurde auch instrumentalisiert und bleibt ambivalent. Sie war auch nie römisch-katholisch. Sondern ein jüdisches junges Mädchen. Aber sie singt das aufmüpfige Lied »Magnificat« (Lukas 1), das die Herren vom Thron holt.

»Wie die Jungfrau zum Kinde«, sagt der Volksmund, wenn jemand ungeheures Glück gehabt hat, unverdient etwas erlebt. Meistens positiv, interessanterweise. Und da denke ich: Das haben wir alle schon erlebt! Wir sind alle mit Leben beschenkt worden, das wir uns nicht selbst verdanken. Das wir ohne jedes Dazutun, einfach so, empfangen haben. Ohne Mühe: Cornflakes, Brötchen, Nutella. Schule! Einfach so. Wie die Jungfrau zum Kinde. Ich habe nichts dafür getan, nix bezahlt. Ich musste nicht mit sechs Jahren arbeiten gehen, in einem Feld mit Pestiziden. Ich habe Frieden erlebt, obwohl aktuell fast fünfzig Kriege in der Welt toben. Was kann ich dafür, dass ich nicht in Syrien geboren wurde? In einem palästinensischen Autonomiegebiet? Im Sudan? Und also nie Angst haben musste, auf eine Mine zu treten, die mir mein Bein wegreißen würde? Wie die Jungfrau zum Kinde, jung und unbedarft, unschuldig, ohne Zutun bin ich zu einer Kindheit gekommen, die einfach nur einfach war. Was kann ich dafür, dass ich in einem Land aufgewachsen bin, das Martin Luther mit einer Übersetzung der Bibel in meine Muttersprache beschenkte? Und es eine ganze Reihe Menschen gab, die wussten, was christlicher Glaube bedeutet? Wer Jesus von Nazareth ist? Und dass er von einer Frau mit Namen Maria geboren wurde? Wäre ich in Saudi-Arabien aufgewachsen, wäre ich wahrscheinlich Muslima. Also bin ich auch zu meinem Glauben an die Jungfrau Maria und ihr Kind ganz so gekommen wie eine Jungfrau zum Kinde. So vieles ist ein Geschenk in meinem Leben, so vieles habe ich ohne Dazutun einfach bekommen. Selbst manches, was ich mir erarbeitet habe, durch Fleiß und Lernen, ist am Ende doch mindestens ein Gemisch aus meiner eigenen Mühe, einer Portion Glück und jenem Geist, den ich mir nicht erklären kann.

**Wie die Jungfrau zum Kinde, jung und unbedarft, unschuldig, ohne Zutun bin ich zu einer Kindheit gekommen, die einfach nur einfach war.**

Mit Maria
Mit Maria will ich sinnen
ganz verschwiegen und tief innen
über dem Geheimnis, zart,
Gott im Mensch geoffenbart.[5]

Drittens: Namenstage sind eine großartige Tradition! Suchen Sie Mal nach jemandem, der Ihren Namen trägt und Gutes bewirkte.

Hier lässt sich eine Spur finden zur eigenen Lebensberufung. Mit einem Vorschuss an Vertrauen, dass unser Name nicht zufällig für uns gewählt wurde.

Und viertens noch ein Wort zum Papst. Am Abend der Papstwahl saß ich in einer Runde mit KirchenskeptikerInnen. Spannend, wie interessiert sie waren. Ich auch. Ich rief mich ein paar Mal zur Raison: »Christina! Du bist Protestantin!« Wie sagte Dorothee Sölle? »Evangelisch heißt keinen Papst haben, sondern ein Buch.« War ich etwa neidisch auf die Weltkirche, die so ein mediales Interesse weckte?

Wird es ein Konservativer? Eher ein Liberaler? So eine Papstwahl bedeutet viel. Für die Weltkirche und diese Welt. Für HIV-Infizierte. Für geschiedene Paare. Oder für evangelisch-katholische Paare, die gemeinsam Abendmahl feiern wollen. Für katholische Krankenschwestern, die von Patientinnen um eine Abtreibung gebeten werden. Wird es zum ersten Mal ein Schwarzer? Ist das dann gut für Afrika? Oder wird es wieder ein Weißer? Ein Europäer? Sicher nicht sofort noch mal ein Deutscher. Wird es eher ein Gelehrter? Oder ein Volksnaher? Alles schien möglich. Nur eins war sicher: Eine Frau kriegt den Posten nicht. Und dann wurde es Jorge Bergoglio. Aus Argentinien. Jesuit. Der erste Lateinamerikaner in diesem Amt.

Der Neue wurde gefragt, welchen Namen er annehmen möchte. Das unterliegt der freien Entscheidung des Papstes. Aus der Wahl des Namens versucht man Ziele und Anliegen und Haltungen abzuleiten. Jorge wählte »Franziskus«. Er ist der Erste, der sich diesen Namen aussuchte. In meiner skeptischen Runde freuten sich alle. Sie waren sichtlich erleichtert. »Franziskus«, das bedeutet Gutes. Er war arm. Er liebte die Schöpfung. Menschen und Tiere, Sonne und Mond. Er war Pazifist. Tierschützer. Erfinder des Krippenspiels. Ein Popstar Gottes.

**»Franziskus«, das bedeutet Gutes.**
**Er war ein Popstar Gottes.**

Ich schätze Papst Franziskus sehr. Weil er seinem Namen alle Ehre macht. Und das »Erbarmen« als Grundwert des Christentums zurückerobert. Das ist anziehend. Und das tut uns allen gut. Was für ein Geschenk er ist! (CB)

# – TAG 21 –
# WEIL ICH JESU
# SCHÄFLEIN BIN

Wenn ich früher bei meinen Großeltern in Ferien war und mir im großen Bauernhaus ein wenig wehmütig vor lauter Heimweh wurde, dann durfte ich zwischen Oma und Opa in der Besucherritze im mächtigen Holzbett nächtigen. Und wenn ich vor lauter Schnarchen meiner beiden großelterlichen Bettgenossen nicht schlafen konnte, dann fiel mein Blick immer auf dieses imposante, grünlich schimmernde Schlafzimmerbild im Goldrahmen. Was war drauf zu sehen? Natürlich: Jesus als der Gute Hirte. Wenn der Blick auf den Milch-und-Wolle-Heiland fiel, dann war wieder alles gut. Ich, das Schäfchen auf den Schultern Jesu, war in Sicherheit.

Er sah so weich und schnulzig aus, so blass und milchgesichtig. Die Frisur schulterlang. Als wir später dann ganz »bibeltreu« die Haare ebenso lang trugen, hat sich die Oma aufgeregt, obwohl sie jeden Abend vor dem Schlafengehen den lieben Heiland mit dieser Frisur vor Augen hatte. Und auf den Schultern trug er ein Lämmchen, wie aus der Reklame eines Feinwaschmittels. Die Landschaft dahinter blassgrün, tapsige Schäfchen, so weit das Auge reichte.

Inzwischen habe ich viele Studienreisen nach Israel geleitet und habe den Touristen immer wieder die Hirten gezeigt. Es sind raubeinige Halbstarke, kaum gebildet, wilde Gesellen, die da mit ihren Herden durch das karge Land ziehen. Keine Edel-Schäfer im Lodenmantel mit Hut und Landrover. Schafe und Ziegen, so weit das Auge reicht. Zottelige Viecher, irgendwie nicht sonderlich intelligent, und ihr Blöken klingt nicht gerade majestätisch. Belämmert! Ein nützliches Tier, dankbar, anspruchslos, orientierungslos. Man zieht ihm das Fell über die Ohren und es beklagt sich nicht. Richtig zum Erbarmen sieht es aus, wenn der Friseur ganze Arbeit geleistet hat und die jämmerliche Kreatur splitternackt dasteht, ganz ohne Strickjacke.

Zur Zeit Jesu war das ein alltägliches Bild und seit Davids Bestseller der Weltliteratur, Psalm 23, ein immer wieder gern verwendetes Motiv zum Thema Nachfolge. Ausgerechnet Schaf und Schäfer. Nicht Araberhengst und Feldherr. Nicht Schäferhund und Polizist. Sondern Hirte und Lamm. Welch ein ärmliches Bild! Die Schäfer galten als asozial, weil sie nachts bei den Tieren schliefen. Von wegen frisch geduscht an den Frühstückstisch. Man male sich in der Nase aus, wie diese Zunft gedünstet hat.

**Ausgerechnet Schaf und Schäfer.**
**Nicht Araberhengst und Feldherr.**
**Nicht Schäferhund und Polizist. Sondern Hirte**
**und Lamm. Welch ein ärmliches Bild!**

Wer Christ ist oder wird, wird irgendwann zwangsläufig zum Schaf. Und auf dem Totenbett kommt vielleicht noch einmal und endgültig das »Der Herr ist mein Hirte« über die trockenen Lippen.

Als Jesus mit Zöllnern und Sündern aß (Matthäus 9,9-13), waren es mal wieder die Saubermänner, die treusten aller Frommen, die rechtschaffenen Wortwächter und Sündenfahnder, die sich über Jesus aufregten: »Wie kann sich dieser Jesus mit den Sündern eins machen? Mit solchen Leuten isst man nicht. Das gehört sich einfach nicht.« Selbst wenn Jesus den Protest nicht gehört hat, es lag überall in der Luft. Man konnte auf Schritt und Tritt die Empörung der Tempeltheologen greifen. Sie waren aus Berufung skeptisch, kritisch. Ihre Lebensaufgabe bestand darin, unermüdlich den Tempel und alle Vorhöfe sauber zu halten. Sie lagen auf der Lauer, wenn Jesus unterwegs war und predigte. Immer auf der Suche nach schwarzen Schafen. Unsere Öffentlichkeit heute sucht das schwarze Schaf und brandmarkt ihm eins ins Fell, dass es sich nicht mehr unter die Menschen traut. Wir Frommen kennen das Spiel auch. Und manche fromme Zeitschriften und fromme Nachrichtendienste leben davon, dass irgendwer irgendwann sich mal danebenbenimmt oder sich einfach nur irrt. Schon hat er die ganze empörte Herde am Hals. Wer sich nicht mehr mit Verlorenen beschäftigt, der checkt die Herde nach schwarzen Schafen ab und wird garantiert fündig.

Und dann müssen sie sich das anhören:

> Welcher Mensch ist unter euch, der hundert Schafe hat und, wenn er »eins« von ihnen verliert, nicht die neunundneunzig in der Wüste lässt und geht dem verlorenen nach, bis er's findet? Und wenn er's gefunden hat, so legt er sich's auf die Schultern voller Freude. Und wenn er heimkommt, ruft er seine Freunde und Nachbarn und spricht zu ihnen: Freut euch mit mir; denn ich habe mein Schaf gefunden, das verloren war. (Lukas 15,4-7)

Uns wird von Jesus gesagt, wie mühsam und aufreibend die Suche um die Menschen ist. Einen Verlorenen zu suchen, kann zum panischen Albtraum werden. Einen Menschen zu verlieren, ist furchtbar. Einen Menschen an Hölle, Tod und Teufel zu verlieren, ist noch furchtbarer. Es ist so, als würde man mitsterben. So war Jesus unterwegs, dicht bei den Menschen. Immer auf der Suche, Menschen für die Ewigkeit in Sicherheit zu bringen. Da gehört es dazu, dass man das Leben mit den Menschen teilt und in ihr Milieu eintaucht.

Zurück zum Bild: Das Schaf ist vermutlich in eine Schlucht gestolpert und hängt irgendwo auf einem Felsvorsprung oder wie ein Schaschlik auf dem Kaktusstachel. Der Hirte hätte ja sagen können: »Neunundneunzig sind in Sicherheit, was soll's? Ein bisschen Schwund ist immer!« Nein, ein guter Hirte hat Qualitätsbewusstsein. Er will dieses Tier seinem Eigentümer nach der Hütesaison wieder unversehrt abliefern. Wer Leben retten will, braucht Ausdauer, Ideen und Leidenschaft. Vielleicht musste der Hirte sich abseilen, stundenlang durch die Schlucht klettern, sein Leben riskieren, bis er das Tier ausfindig gemacht hat.

Das heißt für uns ganz praktisch, dass es keine schnellen Bekehrungen gibt. Dass wir unsere Zeitgenossen schon eine Weile begleiten müssen. Zweckfrei, einfach aus purem Interesse an ihrem Leben und aus Sorge um den Frieden ihrer Seelen.

Wer Suchende suchen will, braucht Zeit, Leidenschaft und Bereitschaft, auf riskanten Wegen unterwegs zu sein. Und er muss die Herde vorüber-gehend vergessen können. Auf schnellen Erfolg pfeifen.

Wenn einer gefunden wird, dann wird im Himmel ein Erweckungsfestival gefeiert. Und ganz hinten sitzen die beleidigten älteren Söhne und die mit dem Herdentrieb und tanzen einfach nicht mit, weil sie nie kapieren können, dass man für einen Menschen alles riskieren kann.

**Wenn einer gefunden wird, dann wird im Himmel
ein Erweckungsfestival gefeiert.**

Dass neunundneunzig Tiere in der Wüste stehen und sich wundern, wo der Hirte bleibt, das ist vom Hirten nicht vernünftig, denn die Truppe könnte ja auch in ihr Elend rennen. Die Mehrheit warten lassen, ist unvernünftig.

Frage an uns: Finden wir denn noch Menschen, oder haben wir sie aufgegeben, weil sie auf unsere Ideen nicht eingegangen sind, unseren Einladungen nicht gefolgt sind oder ganz einfach unsere Gottesdienste langweilig finden?

Feiern will gelernt sein. Der Hirte ruft Freunde und Nachbarn zusammen, lässt den Ochsen auf den Spieß stecken, den trockenen Rotwein dekantieren, bestellt die Kapelle und lässt die Tische decken.

Wer nie in Israel gegessen und gefeiert hat und bei dieser Geschichte eher an ein vorhersagbar langweiliges Missionsfest mit staubtrockenem Streuselkuchen und Kaffee denkt, begreift die Dimension dieser Geschichte nicht. Wenn einer für Jesus gefunden wurde, dann ist er vom Tod ins Leben zurückgekehrt. Dann ist er aus einer lebenslangen Geiselhaft wieder in der Freiheit.

*Solus Christus*: weil ich nicht nur Jesu Schäflein bin, sondern irgendwann zum Hirten werde.

Diese Zeilen zum Ende unserer Woche »Die Entdeckung des Christus« schreibe ich in einer Zeit, in der sich die Nachrichten überschlagen: Silvesterchaos in Köln, Charlie Hebdo legt ein Jahr nach dem schrecklichen Massaker in Paris mit einer hässlichen Karikatur über den Gott der Bibel nach, in Istanbul sprengt sich ein

Attentäter inmitten einer deutschen Reisegruppe in die Luft und reißt zehn Menschen mit in den Tod. Was ist Gottes Antwort auf dieses Chaos? Er schickt nicht seine Kampftruppen, er sendet keine Spezialeinheit, er rächt sich nicht und hält die blasphemischen Karikaturen von Charlie Hebdo gelassen aus. Gottes Antwort auf diese chaotische Welt ist ein Lamm, ein Schaf, belämmert kommt es daher. Das Wesen Jesu ist seine Lammesart. Er ließ sich zur Schlachtbank führen wie ein Lamm. Und er brüllte nicht und er widersetzte sich nicht dem Metzger. Treffender kann man das »Allein Christus« nicht beschließen. Das Lamm Gottes verändert die Welt. Agnus dei! (JM)

## EXTRA:
## MEIN LUTHERBILD

Die Bibel spricht sehr bildhaft von Gott. Und gibt gleichzeitig den Rat: »Du sollst dir kein Bildnis machen« (2. Mose 20,4). Du sollst Gott und Menschen nicht auf ein (!) Bild festlegen. Dich überraschen lassen. Eigentlich klingt klug, wer sagt: »Ich werde mir ein Bild machen.« Noch weiser aber ist es wohl, auszuhalten, dass wir uns nicht alles ausmalen können. Dass Gott geheimnisvoll bleibt. Und unsere Mitmenschen in ihrer Andersartigkeit zu achten sind. Gott ist am Ende unvergleichlich, und der Mitmensch ist im Vergleich zu uns ein Mensch wie wir und ein Mensch nur wie er oder sie selbst.

Und doch: Ich habe ein Lutherbild. Der wahre Luther mag ganz anders gewesen sein. Anders auch als das Symbol, das bei Reformationsfeiern verehrt wird. Anders als der, der von uns im 21. Jahrhundert bewundert oder kritisiert wird. Anders als die vielen Bilder, die es von ihm gibt – der am häufigsten gemalten Person der deutschen Geschichte.

Ich stelle mir vor, dass er konzentriert war. »Zentriert« auf Christus und das Wort. Andächtig. Versunken. Er schenkte seinen Fragen Aufmerksamkeit. Und forschte, suchte Antworten, die ihn selber überzeugten. Ließ sich nicht abspeisen. Das macht ihn stimmig. Er strahlt Gewissheit aus.

Er war wirklich begabt. Besonders sprachbegabt. Eine beeindruckende Fähigkeit: einfache Worte zu finden für komplexe Zusammenhänge. Schlichte For-mulierungen für heilige Themen. Gedanken in solcher Klarheit ausdrücken zu können. So treffende Formulie-rungen zu finden. So passend zu übersetzen.

Er wirkt einfach. Manchmal fast kindlich.

Ich denke, er war stabil. Stark gebaut. Praktisch veranlagt. Mit Bauernschläue gesegnet. Mit Instinkt für seine Zeit. Gleichzeitig ein Zweifler. Nie ruhte er so tief in sich, dass ihn heilige Fragen nicht mehr hätten be-unruhigen können.

Er war zerrissen. Blieb es wohl auch. »Ein feste Burg ist unser Gott, ein gute Wehr und Waffen«, konnte er singen. Aber auch das Lied »Aus tiefer Not schrei ich zu dir« ist ganz seins.

Er war mutig. Den Papst zu kritisieren, das ganze Papsttum und den Klerus, die Kirche an sich, die Käuf-lichkeit kirchlicher Ämter, die Obrigkeit, die Tradition, Brauchtum und Ritus – dazu brauchte es Schneid. Öf-fentlich zu sagen, dass nicht alle Wege nach Rom füh-ren – wow!

Und natürlich auch das: Katharina von Bora und er waren ein Paar. Er war Vater. Hatte Magenschmerzen und Nierensteine. Er sang gerne und räumte über-haupt der Musik großen Stellenwert ein. Und er aß gerne. Er war ein Mensch.

Neben seinen vier großen Entdeckungen (*solus christus*, Allein Christus, *sola gratia*, Allein die Gnade, *sola scriptura*, Allein die Schrift, *sola fide*, Allein der Glaube) konnte er außerdem sagen: *Sola experien-tia facit theologum*, die Erfahrung allein macht die Theologie. So wichtig das Wort ist ... Sowenig ich zu

Gedankenlosigkeit anregen möchte ... Es ist zu wenig, den Glauben nur zu erklären. Luther mag Ritualen und Liturgie nicht viel zugetraut haben, aber er wusste: Der Glaube will erfahren werden. Er verbindet sich mit unserem Menschsein. Unserem Alltag. Unseren Gaben und Interessen. Unserem Naturell. Dafür ist mein Lutherbild ein Vorbild. (CB)

# – WOCHE 4 –
# DIE ENTDECKUNG
# DES GLAUBENS

Dieser Glaube lebt und bewegt sich.
Er dringt durch und verändert den ganzen Menschen.
Er zwingt dich zur Furcht, so hochgestellt du bist,
und du kannst getrost sein, so niedrig du bist.
**Martin Luther**

# – TAG 22 –
# DER GLAUBE ALLEIN

Mein Kinderglaube ist ein Schatz. Gott war da für mich, der Schöpfer einer bunten Welt. Gefeiert im Rhythmus des Kirchenjahres. Mit Advent, Erwartung, Lichtern, Geschenken, Geburt, Verzichten, Abschied, Frühlingsausbruch und Ostergelächter. Mit Pippi Langstrumpf wusste ich: Ich habe eine Truhe voller Goldstücke, ein Geschenk. Und die Mama im Himmel sieht mich immer.

Mein Glaube ist mit mir älter geworden. Ich habe mehr gelesen. Und gesehen. Ich bin gereist. Nach Südafrika. Soweto. Das hat mich erschüttert. Oft nach Indien. Das hat mich regelmäßig erschüttert. Nach Bethlehem und Jerusalem. Nach Sarajevo. Das hat mich erschüttert. Es gibt in dieser Welt viele Gründe, den Glauben zu verlieren.

Ich habe Abschiede erlebt. Ich bin gescheitert. An Idealen. Mit manchem Traum. Ich bin nicht mehr so leicht, das Herz ist schwerer. Ist es auch schwerer, zu glauben? Es ist nicht kindlich selbstverständlich. Gleichzeitig unentbehrlicher Teil meines Lebens.

Reisen haben mich auch beeindruckt. Ich habe auf diese Weise faszinierende Menschen kennengelernt. Die unter unglaublichen Bedingungen menschlich waren. Und sich den Glauben bewahrt haben – an Gott, den Frieden, an das Gute, an andere Menschen, an ihre Fähigkeit, zu lieben. Trotz allem. Trotziger ist mein erwachsener Glaube. Aufmüpfiger. Er bedeutet existenzieller als früher Freiheit.

Ein Regenbogen kann mich bis heute zum Weinen bringen. Die kupferrote Mondfinsternis neulich. Pippi, Ronja und Momo zu lesen, macht mich immer noch gleichzeitig kleiner und größer. Eine Bach-Kantate kann mich berühren.

Jesus sagte einmal: »Wenn ihr Glauben habt wie ein Senfkorn (ein sprichwörtliches Minikorn), so könnt ihr sagen zu diesem Berge: Heb dich dorthin!, so wird er sich heben« (Matthäus 17,20; LUT). Wer will schon Berge versetzen?, frage ich mich. Ich bin froh, wenn Berge an Ort und Stelle bleiben. Und Seenplatten und Wassermassen. Aber ich ahne: Wenn ich nicht vertraue, nicht glaube und hoffe, werde ich selbst zum Berg. Starr, festgelegt, in einer Position. Unerschütterlich. Kalt und fertig. Abgeschlossen. Festgebissen. Der Berg sieht immer dasselbe. Glaube bewegt. Will uns beweglich halten. Ist ein Tor zur Welt, zum Sinn. Verändert den Blickwinkel. Lässt sich erschüttern. Nicht, dass ich dann nicht mehr verlässlich wäre. Aber zuerst verlasse ich mich auf einen anderen, auf Gott. Ich glaube und bin schon versetzt, in eine andere Lage versetzt. Ich glaube und werde ein bisschen verrückt. Paulus meint: »Und hätte [ich] allen Glauben, sodass ich Berge versetzen könnte, und hätte die Liebe nicht, so wäre ich nichts« (1. Korinther 13,2). *Sola fide* hin oder her – noch größer als der Glaube ist die Liebe.

**Glaube bewegt. Will uns beweglich halten.
Ist ein Tor zur Welt, zum Sinn.**

Der Historiker Howard Zinn meint: »Hoffnungsvoll zu sein in schlechten Zeiten, ist eben nicht einfach dumm oder romantisch. Es gründet vielmehr auf der Tatsache, dass die Geschichte der Menschen nicht nur eine Geschichte der Grausamkeit ist, sondern auch eine Geschichte des Mitleids, der Hingabe, des Mutes und der Güte.«[6]

Hoffnungsvoll zu sein, das ist: zu vertrauen. Zu glauben. Der Idee treu zu bleiben, dass Gott, die Liebe, da ist. Dass Gott an uns glaubt. Und uns den Glauben zutraut.

Meine Heldinnen und Helden des Glaubens sind Vorbilder der Hingabe. Sie sind klug und mutig. Und so klug, dass sie sogar gütig sein können. Großzügig. Gastfrei. Versöhnlich. Friedlich. Freigiebig.

Martin Luther King zum Beispiel. Hat seine Vornamen von unserem großen deutschen Reformator. Der Schwarze, der einen großen Traum teilte: dass nicht die Hautfarbe entscheidend ist. Dass Schwarze und Weiße gemeinsam geschwisterlich leben. Weil die Liebe alle meint.

Dietrich Bonhoeffer. Der Theologe. Widerstandskämpfer während des Nazi-Regimes. Mich begleiten seine Bücher, seine Gedichte und einzelne Zeilen: »Von guten Mächten wunderbar geborgen erwarten wir getrost, was kommen mag.« Und: »Nur wer für Juden schreit, darf auch gregorianisch singen.« Und: »Ich glaube, dass auch unsere Fehler und Irrtümer nicht vergeblich sind und dass es Gott nicht schwerer ist, mit ihnen fertig zu werden, als mit unseren vermeintlichen Guttaten.« Wie gnädig!

Jochen Klepper. Theologe, Lyriker, Journalist. Ehemann einer Jüdin. Der untröstliche Tröster. Seine zarten, starken Zeilen wissen von Unglauben und Glauben:

> Dass ich so bald vertrauend bin,
> kann ich dir nicht versprechen.

Ich gab mein Leben gläubig hin
und sah es dann zerbrechen.
Ich will ja nur ein kleines Stück,
geheilt von deinen Händen,
als neues Unterpfand zurück.
Dann mag es milder enden.

Desmond Tutu. Teresa von Ávila. Sophie Scholl. Rosa Parks. Helen Suzman. Dorothy Day. Susan Sontag. Arundhati Roy. Mutter Teresa von Kalkutta. Glaubens-Menschen. Suchende. Packende. Liebende. Wie sie möchte, kann und will ich nicht verzichten auf den Glauben. Auf das Vertrauen, dass es in dieser Welt eine große, segnende Kraft gibt, die wir Gott nennen können. Eine Liebe, zu der wir aufschauen können. Eine gute Atmosphäre des Vertrauens, die uns alle umgibt. Das lasse ich mir nicht nehmen. Ich möchte Weihnachten feiern: Der Friede beginnt mit einem Kind. Und ich möchte Ostern feiern: Die Liebe ist stärker als der Tod. Ich möchte vertrauen: Diese Welt wurde ins Leben geliebt. Ist in Liebe gehalten. Und wird in Liebe vollendet.

Zu Petrus sagt Jesus einmal: »Ich habe für dich gebetet, dass dein Glaube nicht aufhöre« (Lukas 22,32). Bittend steht der Christus dem Freund bei. Damit seine Glaubenstreue nicht endet. Eine tröstliche Vorstellung. Wie oft Jesus wohl schon für uns gebeten hat, als wir noch gar nicht wussten, dass unser Glaube ein Thema sein könnte für einen Wortwechsel mit Gott? Eine zärtliche Idee: dass Jesus weiß, wie klein der Glaube sein kann. Wie irritiert. Aufgewühlt und schwach. Eine Idee voller Solidarität: Wir, die wir einander verpassen und enttäuschen, die wir unsere Träume verraten und unsere Liebsten belügen, lernen von Jesus, füreinander zu bitten. Unseren Glauben miteinander zu hüten und zu stärken.

Glaube. Gottvertrauen. Hoffnung. Liebe. Sie meinen mich. Sie rufen mich, meine eigene Beziehung zum Ewigen zu vertiefen. Sie rufen mich, andere dabei zu unterstützen, diese Beziehung zu entdecken und zu vertiefen. Uns alle daran zu erinnern, dass wir aus göttlicher Liebe geschaffen wurden. Und das zu identifizieren, was dieses Vertrauen verdeckt oder herabsetzt. Sie rufen mich, Brücken zu bauen. Zwischen heilig und säkular. Die Unterschiede zu feiern wie die Einmütigkeit. Sie rufen mich, andere willkommen zu heißen, unabhängig von ihrer Weltanschauung. Sie rufen mich, zu leben, zu trotzen. Dem Immer-so-Weiter und der herrschenden Ordnung zu widersprechen.

Glauben – darum geht es in dieser letzten Woche. Um einen Glauben, der sucht und sehnsucht. Fragt und zweifelt. Sich aufspüren lässt. Der überrascht. Glauben, der innere Stärke verleiht. Glauben, der unterscheidet und eint. Alte Wurzeln, fester Boden, ein Baum zum Nisten, schöne Blüten. Glauben, der mehr ist, als wir wissen.

Glaube. Gottvertrauen. Hoffnung. Liebe. Sie meinen mich. Sie rufen mich, meine eigene Beziehung zum Ewigen zu vertiefen. Glaube ist eine große Einladung, zu vertrauen. Mich selber der Idee anzuvertrauen, dass ein Gott ist, der für mich ist.

Glaube.
Seidener, roter Faden, voller Gnaden.
Liebes-Gedicht, das wirkt, was es spricht.
Licht, das über meinen Schatten springt.
Glück, das dem Scheiternden gelingt.
Fürstlicher Friede, Gott vertrauen,
Glauben, ab und zu ab-stauben.
Ostergelächter und Schwärme weißer Tauben,

grüne Zweige, reife, süße Trauben,
frisches Brot, guter Wein –
wollen wir dem Glauben oft erlauben,
anwesend zu sein.

Gott ist immer da, nah, Schechina, großes Ja.
Vertrauen, guck nach vorne am Pflug,
es reicht für alle, es gibt mehr als genug.
Reise ins Weite, buch noch heute den Flug,
bleib gewogen, verwoben,
in Beziehung, setz dich in Bezug
zum Leben, zum Heiligen, zum Ewigen.

Und bitte, lass uns kühn sein.
Geh mit Gnade und Geistkraft,
mit Pippi, kecker Kindermund,
alle Türen offen.

Der Auferweckte hat den Schlüsselbund,
Liebe ist der Anfang, die Vollendung, aller Grund.
Lass uns mit ihr wuchern, sie ist unser größtes Pfund.
Gnade ist der Zauber, der noch ganz andre Fund.
Gott küsst unser müdes Herz gesund.
Wunder ist ja auch die Steigerung von wund
und aus der Kirche machen wir
eine Villa Kunterbunt. (CB)

# – TAG 23 –
## GLAUBE UND WISSENSCHAFT

Der christliche Glaube ist vor allen Dingen eine Herzensangelegenheit, Ausdruck eines persönlichen Vertrauens zu dem Gott der Bibel und der feste Entschluss, Jesus und seiner Lehre nachzufolgen. Trotzdem hat sich der Glaube im Dialog mit der Wissenschaft zu bewähren. Mehr noch, die enge Verbindung von Glauben und Vernunft sind typische Merkmale des Protestantismus. Und dies trotz Martin Luther, der sich auf sehr ironische und verächtliche Weise über die »Hure Vernunft« geäußert hat, indem er die biblische Botschaft nicht der Disziplin der Philosophie unterordnen wollte.

Luther war sich übrigens mit den anderen Reformatoren darin einig, dass die verschiedenen wissenschaftlichen Disziplinen grundsätzlich der biblischen Lehre und der Kirche zu dienen haben. Und er selbst ging als akademisch umfassend gebildeter Mann mit gutem Beispiel voran. Luther wollte keine Nischentheologie betreiben, sondern die pastorale Ausbildung auf wissenschaftliches Niveau heben. Die älteste protestantische Universität in Marburg, die er 1527 mit Philipp dem Großmütigen gegründet hat, ist ein beeindruckendes Beispiel für Luthers Wertschätzung der Wissenschaften.

Bischof a.D. Dr. Wolfgang Huber wies am Reformationstag 2006 in einem Artikel für DIE WELT darauf hin, dass das Thema Glaube und Vernunft durch zwei sehr unterschiedliche Strömungen beeinflusst wurde: einmal durch den philosophischen Materialismus Frankreichs, der den Glauben ins Irrationale verlagern wollte, und zum anderen durch das Christentum selbst, das immer begleitet wurde von der Sorge, im Neuen der jeweiligen Zeitepoche Profil und Kontur zu verlieren.

Ich frage dazu den Biophysiker Dr. Alexander Fink, der das Institut für Glaube und Wissenschaft in Marburg leitet.

**JM:** »Herr Dr. Fink, wie ist es 500 Jahre nach der Reformation um das Verhältnis Glaube und Wissenschaft bestellt? Sind es nicht oft die treuesten und verlässlichsten Mitglieder der Kirche, die von einer bestimmten Angst umgetrieben sind, dass der Glaube in der Begegnung mit der Wissenschaft verloren gehen könnte?«

**AF:** »Natürlich gibt es etliche Beispiele von Menschen, die während ihres wissenschaftlichen Studiums den Glauben an den christlichen Gott verloren haben. Doch es gibt auch Beispiele für das Gegenteil, zum Beispiel den britischen Biochemiker und Theologen Alister McGrath. Ich bin überzeugt, dass christlicher Glaube keine Angst vor der Realität haben muss. Diese Welt ist durch dasselbe Wort Gottes geschaffen, das sich uns im Mensch Jesus Christus offenbart hat. Wissenschaft sucht die Wahrheit. Und weil sich einzelne Menschen in ihrem Denken oft irren, hat sich als wesentliches Kriterium der wissenschaftlichen Vorgehensweise etabliert, dass ihre Aussagen prinzipiell für jeden Menschen nachvollziehbar und testbar sein müssen. Dadurch soll die Irrtumsanfälligkeit des einzelnen Menschen minimiert werden. Am Ziel der Wahrheit kommt Wissenschaft freilich nie an. Denn Theorien leben von ihrer Testbarkeit und sind ihrem Wesen nach vorläufig und dialektisch – also offen für eine Gegenthese. Dabei schließt wissenschaftliche

Methodik das spontane Eingreifen Gottes in die regelmäßigen Abläufe aus, um Gesetzmäßigkeiten zu erfassen. Natürlich kann man daraus dann nicht folgern, dass Gott nicht in den Regelmäßigkeiten oder darüber hinaus wirkt. Wenn die Evangelien wegen der Erwähnung der Tempelzerstörung auf nach 70 n.Chr. datiert werden, setzt das voraus, dass es keine echte Prophetie geben kann. Doch wenn es einen allwissenden Gott gibt, ist das ein Fehlschluss.«

**Ich bin überzeugt, dass christlicher Glaube keine Angst vor der Realität haben muss.**

**JM:** »Eines der typischsten Kampffelder zwischen Glaube und Vernunft ist immer wieder das Verständnis von der biblischen Schöpfungserzählung und der naturwissenschaftlichen Deutung der Evolutionstheorie. Wie kann man diese uralte Front vernünftig und respektvoll zugleich aufbrechen und befrieden?«

**AF:** »Zuallererst stellt sich die Frage, warum die Entdeckung eines Mechanismus die Existenz eines Schöpfers infrage stellen sollte. Ein Ingenieur kann ein Flugzeug sehr unterschiedlich herstellen. Er kann jede Schraube selbst in seiner Garage festziehen oder er baut eine Maschine, die ihm einen Großteil der Arbeit abnimmt. In beiden Fällen bleibt der Ingenieur der Konstrukteur des Flugzeuges.

Als Kepler seine drei Gesetze zur Planetenbewegung entdeckt hatte, reagierte er mit einem staunenden Lob auf den Schöpfer und nicht mit der Verneinung seiner Existenz. Gleichzeitig muss ein Atheist – mangels Alternative – für alles einen natürlichen Mechanismus als Erklärung anführen können. Doch die aktuelle Forschung steckt noch voller Fragezeichen. Wie kann zum Beispiel aus unbelebter Materie ein fortpflanzungsfähiges, stoffwechselndes Lebewesen hervorgehen? Der Zufall ist zu langsam, da ist man sich einig. Und dann beruht alles Leben auf einem genetischen Code, der wie eine Computersprache algorithmische Information trägt. Wer aber die Entstehung von Information bloßem Zufall und Notwendigkeit statt intelligenzgesteuerter Organisation zuschreiben will, könnte beim nächsten Computerkauf auch beim Alteisenhändler vorbeischauen.

**Wer die Entstehung von Information bloßem Zufall und Notwendigkeit statt intelligenzgesteuerter Organisation zuschreiben will, könnte beim nächsten Computerkauf auch beim Alteisenhändler vorbeischauen.**

Der religiös unmusikalische Philosoph Thomas Nagel zeigt in seinem Buch *Geist und Kosmos*, dass die aktuelle ›materialistische, neodarwinistische Auffassung‹ der Welt zu kurz greift. Sie könne weder die Feinabstimmung unseres Universums noch die Existenz von Bewusstsein, rationalem Denken oder universell gültiger, ethischer Werte erklären.«

JM: »Sie haben Erfahrung in der europäischen Hochschulszene. Wie lässt sich der Glaube heute wissenschaftlich seriös vertreten? Wie können sich beide Qualitäten ergänzend und glaubensstabilisierend auswirken?«

AF: »Entscheidend ist es, die Denkvoraussetzungen offenzulegen. Wir kommen nie zwangsläufig zum Ergebnis, dass Gott existiert oder nicht. Der österreichische Evolutionsbiologe Franz

Wuketits gibt offen zu, dass auch Atheismus ein Glaube sei, da die Nichtexistenz Gottes nicht bewiesen werden könne. Viele Wissenschaftler glauben nicht an Gott, weil sie ein missverstandenes Gottesbild mit sich herumtragen. Bei Dawkins und Hawking wird Gott mit jeder wissenschaftlichen Erkenntnis kleiner, weil Gott sich nur in den Wissenslücken versteckt hält. Doch der agnostische Physik-Nobelpreisträger Eugene Wigner meint: ›Das Wunder, dass die Sprache der Mathematik die Gesetze der Physik zutreffend beschreiben kann, ist ein wunderbares Geschenk, das wir weder verstehen noch verdienen.‹ Ein rational denkender Schöpfer, der unseren Verstand und das Universum gemacht hat, wäre eine würdige Erklärung für dieses Geschenk.

Es geht also darum, weltanschauliche Missverständnisse zu identifizieren, zu klären und die vielen positiven Indizien für den Glauben an den christlichen Gott zu entdecken.«

**JM:** »Kürzlich sagte mir ein besorgter Vater, er habe seinem Sohn dringend von einem wissenschaftlichen Theologiestudium abgeraten, weil er dort seinen Glauben verlieren könnte. Wie würden Sie ihm raten?«

**AF:** »Welchen Weg ein Mensch einschlägt, ist eine Frage der Führung Gottes. Aber generell waren Christen nie gut beraten, sich vor kritischen Gedanken abzuschotten. Kritik kann nur durch gute Argumente beantwortet werden (oder ist sie sogar berechtigt?). Und wir wollen doch verstehen, was unsere Zeitgenossen in ihrem Unglauben so sicher macht und wo das säkulare Weltbild seine Risse hat. Paulus ermutigt uns, alles zu prüfen und das Gute zu behalten. Natürlich braucht man ein solides Fundament und sollte das Gute kennen ...«

**JM:** »Danke für das Gespräch!«

Das Thema Glaube und Wissenschaft hat auch in meinem Leben einen Wandlungsprozess erlebt. Ich war viele Jahre eher ein Wissenschaftsskeptiker und ein Kulturpessimist. So haben mich meine Glaubensvorbilder geprägt. Aber irgendwann begann die Entdeckung des Originals, nicht der bereits x-fach kommentierten Kopie. Ich begann zu lesen, zu verstehen, zu unterscheiden. Und am Ende stand eine für mich ziemlich untypische Demut, eine Wertschätzung derer, die sich zum Thema Glauben und Wissenschaft geistreiche Gedanken gemacht haben. Ich habe mich in meiner Ignoranz moderner wissenschaftlicher Erkenntnisse sogar ganz wohlgefühlt, weil es so schön bequem war, abzulehnen, ohne zu wissen, was meine Alternativen sind. Irgendwann habe ich festgestellt, dass ich die Evolutionstheorie nicht mit der Weisheit eines Taschenbuches für € 2,50 außer Kraft setzen kann. Heute begegne ich der Wissenschaft mit Respekt, aber auch mit kritischem Abstand. Ich sehe zuerst den Menschen, der sich hier in seiner Fachwelt kundig gemacht hat. Wenn seine Erkenntnisse einer christlichen Weltanschauung zuwiderlaufen, ist das kein Grund, den Disput abzubrechen, sondern erst recht ein Anlass, diesen fortzusetzen. Ich lerne so viel von Menschen, die nicht mit mir in der pietistischen Kinderstube waren. Glaube und Wissenschaft: Wer demütig in den Dialog geht, kann viel lernen. (JM)

# – TAG 24 –
# GLAUBE – VERTRAUEN
# UND BESTÄNDIGKEIT

Etwas glauben – das klingt im Deutschen nach »für wahr« oder »für möglich halten«. Es klingt nach eventuell. Mutmaßlich. Vielleicht. Keineswegs sicher. Kann sein, kann aber auch nicht. Glauben wird zum Gegenteil von Wissen. Zum Gegenüber des Zweifels. Zum Gegensatz des Misstrauens. Unsere Sprache rückt den Glauben in die Nähe der Vermutung.

Das mit dem Glauben, das mit Gott – ist im Letzten ein Geheimnis. Es kann nicht bewiesen werden. Ein Geheimnis kann man nicht erklären, dann wäre es keins mehr. Ich persönlich finde das sehr okay. Ein Gott, den ich mir mit meinem Verstand erklären könnte, wäre mir zu klein. Ein Gott, den ich begreifen könnte, würde mich nicht interessieren. Gott muss für mich größer sein als ich, als alles. Gott ist für mich das Größte, was wir Menschen sagen können – und darf geheimnisvoll, unerklärlich sein. Gott ist heilig, unberührbar, letztlich unvergleichlich.

Glaube, *pistis* im Griechischen, der Hauptsprache des Neuen Testaments, meint Vertrauen. Treue. Überzeugung. »Pistis« erlebe ich dem gegenüber, dem ich mich anvertraue. Zu dem ich gehöre. Dem ich mein Ja-Wort gebe. Ein Gelübde. Das hebräische Wort *aman*, das manchmal mit »glauben« übertragen wird, meint »sich an etwas festmachen«, sich auf jemanden verlassen. Abraham, der im Ersten Testament und in der Folge dann auch für Paulus und Martin Luther als großes Vorbild des Glaubens gilt, gründete seine Zuversicht in Gott. Hängte sich an ihn. Ganz im Sinne der Reformation ohne Rituale und Kult – er vertraute.

Glaube ist Vertrauen. Mehr, als ich sehen kann. Mehr, als ich rechnen kann. Als ich selber organisieren kann. Als ich schaffe. Als ich bezahlen, horten, leisten kann. Nicht zu beweisen, der Glaube. Aber zu erleben.

Ich gewöhne meine Seele jetzt seit vielen Jahren an diese Idee: dass ein Gott ist. Der diese Welt ins Leben liebte, sie hält und vollenden wird. Ich mache meine Seele vertraut mit dem Gedanken, dass die Liebe die größte Macht der Welt ist. Ich vertraue mich dem Wunder von Weihnachten an und der Auferweckungsenergie von Ostern. Zwar kann ich den Glauben nicht beweisen, aber ich sehe die Wirkung, die er in meinem Leben hat. Ich ahne: Weisheit ist am Ende bedeutender als Wissen. Träume geben mir mehr Kraft als Fakten. Hoffnung trägt weiter, als unsere Erfahrung reicht.

**Zwar kann ich den Glauben nicht beweisen, aber ich sehe die Wirkung, die er in meinem Leben hat.**

Glaube – das ist für mich Trostkraft in dieser unvollkommenen Welt. Eine Kraft, die uns wappnet gegen Schicksalslaunen. Die uns schützt vor Selbstüberschätzung. Güte, die uns besänftigt, dass wir nicht hart werden, gemein und bitter. Glaube – das ist radikale Geduld. Gelassenheit. Mut in einer Zeit, die uns mit ihren vielen Kriegen und Leiden einschüchtern kann. Glaube – das ist ein Blick für das Wesentliche. Weisheit, die weit mehr ist als »wiki« und Wissen. Empfindsamkeit für unsere Grenzen. Morgenglanz der Ewigkeit. Grünkraft. Lebenstrotz. Glaube – das ist für mich die Gegenkraft zum Zynismus. Weil ich trotz allem vertrauen möchte, dass diese wunderbare Erzählung vom Leben einen Erzähler hat. Weil ich Zukunft nicht ohne Hoffnung denken will. Glaube vertraut, dass diese Welt eine Mitte hat.

Dürfte ich ein Wort des Glaubens wählen, ich nähme die Gnade. Dürfte ich eine Überzeugung, einen Glaubenssatz aussuchen, ich würde sagen: »Die Liebe ist stärker als der Tod.« Gottes Liebe ist grenzenlos. Sie überwindet alles, was tödlich ist. Jesus von Nazareth hat einmal zu einem Vertrauten gesagt: »In der Welt habt ihr Angst; aber seid getrost, ich habe die Welt überwunden« (Johannes 16,33). Er leugnet die Angst nicht. Und nicht ihre vielen Auslöser und Ursachen. Aber er meint: Gott ist größer als die Angst. Größer als die Gründe, ängstlich zu sein. Größer als die Angst, alleine zu sein. Größer als die Angst, vergessen zu werden. Größer als die Angst, zu sterben. Größer als der Tod. Bei allem, was wir sicher wissen, und mit allem, was uns unsicher macht, lädt Jesus dazu ein, auf etwas zu vertrauen, das größer ist. Und das Größte ist die Liebe.

Für mich ist Liebe nicht zuerst ein Gebot, sondern ein Geschenk. Allen voran die Gottesliebe. Gott zu lieben – mich lieben zu lassen – ist die größte Erfahrung überhaupt. Sie ist für mich die Energie, die mein Leben hält. Gott ist für mich eine große Umgebung, in der ich atme und lebe. Eine gute Atmosphäre des Vertrauens, die mich umgibt. Eine Liebe, in der ich mich bergen kann. Zu der ich aufsehen kann. Gleichzeitig ist Gott *für* mich. Tief in meinem Innersten. Im Zentrum meines Seins. Eine unendliche Quelle der Liebe.

Die Gewissheit: Es gibt eine Verbindung zu meinem Ursprung. Diese Liebe will fließen. Das Herz ausfüllen. Den Körper. Die Gedanken. Das Gewissen. Sie will sich mitteilen. Und sie kommt auf hundert Wegen vielfach zu mir zurück. Die göttliche Quelle der Liebe versiegt nie. Sie ist unendlich. Sie füllt die unendlich große Sehnsucht der Seele.

Wenn ich vertraue und mich so geliebt weiß, steht es gut um mich. Dann weiß ich um meine innere Stärke. Habe Energie. Fühle mich zu Hause bei mir und am richtigen Platz in dieser Welt. Ich staune über das Leben. Ich weiß, dass ich heilig bin. Meine Würde unantastbar. Und ich möchte Liebe weitergeben. Dafür brauche ich keine Grenzen. Weil ich selber frei bin. Ausgeglichen. Angesehen. Friedfertig. Kühn. Ich kann einladen. Verzeihen. Schenken. Und ich weiß um den behüteten Raum, den Funken in mir. Um den göttlichen Atem. Und dass ich ein Spiegelbild Gottes bin.

Wenn ich den Glauben »ausübe« – wenn ich feiere, bete, meditiere, singe –, verinnerliche ich diese Idee. Dass ich geliebt bin. Immer schon. Und für ewig. Ich bejahe Gottes Liebe. Ich mache mich fest an ihr. Am Schluss ihres Buches *Spirit Junkie. A Radical Road to Self-love and Miracles* schreibt Gabrielle Bernstein das so: »I had fallen in love with spirit.« Ich würde wohl übersetzen: Ich hatte mich in Gott verliebt. »A love I'd never known before.« Eine Liebe, die ich vorher nicht gekannt hatte. »I'd become full with inner peace.« Auf einmal erfüllte mich tiefer Friede. Diese Erfahrung kann ich ablesen. Sie ist für mich eine Auswirkung des Glaubens. »Wahrheit« ist schwer zu fassen, aber ich kann sagen: Es überzeugt mich wahrhaftig, was diese Idee der ewigen Liebe Gottes mit mir macht. Es bleibt ein Geheimnis, aber es fasziniert mich so sehr, dass es heilsam für mich ist.

**»Wahrheit« ist schwer zu fassen, aber ich kann sagen: Es überzeugt mich wahrhaftig, was diese Idee der ewigen Liebe Gottes mit mir macht.**

Bin ich nie »ungläubig«? Doch. Warum vertraue ich nicht immer? Warum habe ich trotzdem Angst? Warum ziehe ich die Liebe immer wieder in Zweifel? Ich ahne: Es liegt nicht an Gott, der Quelle. Sie ist immer da. Und immer zugänglich. Aber ich verstelle mir manchmal den Weg dorthin. Ich lasse zu, dass andere Kräfte mich beeindrucken, einschüchtern, entmutigen, verunsichern. Dann bekomme ich Angst. Und fange an, mich zu behaupten. Mich zu verteidigen, zu rechtfertigen, mich selbst zu schützen. Wenn ich Angst habe, zu kurz zu kommen, werde ich misstrauisch. Ich werde hart. Böse. Schlage um mich. Aber da ist sie: die größere Idee. Die Gnade unterbricht die Spirale der Angst. Das Vertrauen mischt sich ein. Lockt mich zurück. Die Liebe rettet mich. Im Deutschen »üben« wir die Liebe und das Vertrauen. Wir müssen sie nicht »können«. Vertrauen zu üben, das ist Glauben. Die Seele immer wieder vertraut zu machen mit dem Geheimnis, das uns heilt. Wenn diese Idee die Tiefe meiner Seele erreicht, erlebe ich Frieden. Und dann kann ich wieder kühn sein. Wie es der Glaube bewirkt: aufsässig und beherzt. (CB)

# – TAG 25 –
# GLAUBE UND ZWEIFEL

Zweifelsohne war Luther zuweilen verzweifelt, aber er war kein Zweifler. Doch selbst das darf bezweifelt werden. Er hat an Menschen und an Verhältnissen gezweifelt und sicher manchmal ganz verborgen auch an Gott. Der *certitudo fidei,* der Sicherheit des Glaubens, stand immer die *tentatio* gegenüber, die Prüfung, hart und unversöhnlich: Anfechtung gegen Glaubensgewissheit. Der Glaube hat stets eine gehörige Portion Zweifel im Gepäck, der mal chronisch und mal akut auftritt. Bei Luther gehört der Zweifel in den Bereich des Gesetzes, nicht des Evangeliums. Die Vernunft zweifelt. Und doch bleibt er dabei: Alles ist möglich dem, der da glaubt. Umgekehrt sind alle Dinge unmöglich dem, der zweifelt.

Luthers Zeit im Kloster war von Angstattacken geprägt, wie es in dieser Liedstrophe aus »Nun freut euch, lieben Christen g'mein« exemplarisch zum Ausdruck kommt:

> Die Angst mich zu verzweifeln trieb,
> dass nichts denn Sterben bei mir blieb,
> zur Höllen musst ich sinken.

Die Angst treibt in den Zweifel! Hier der O-Ton des geplagten Reformators: »Also ward ich gebadet und getaufft jnn meiner Müncherey und hatte die rechte Schweissucht, Gott sey lob, das ich mich nicht zu tod geschwitzet habe. ... Hier brach mir warlich der schweis aus, und das Hertz begonst mir zu zittern und pochen.« (»Also wurde ich gebadet und getauft in meinem Kloster und hatte die rechte Schweißsucht, Gott sei Lob, dass ich mich nicht zu Tode geschwitzt habe. ... Hier brach mir wahrlich der Schweiß aus und mein Herz begann zu zittern und zu pochen.«)

Die mächtigsten Gottesmänner und frömmsten Glaubensfrauen waren oft genug hinter der blendenden Fassade geplagte Zweifler, Kinder des Unglaubens. Zweifel ist ein chronischer Vollzug des nie ganz Vertrauenkönnens, ein immer wiederkehrender Infekt des Glaubens, der geradezu kalkulierbar in Intervallen auftritt. Je größer die Ziele, je stärker die Thesen, je reformierter die Reform, umso ärmlicher der arme Kopf, der die Revolution ausgebrütet hat. Ein Gang quer durch die Geschichten des Alten Testaments zeigt das, exemplarisch bei Mose, dem Sprachfehler auf zwei Beinen, über Elia, dem es zu finster unterm Ginster war, bis zu Jona, der Lachnummer unter den großen Schriftpropheten. Die Maxi-(n)aturen waren in Wirklichkeit Mini-(n)aturen.

Doch vorn auf der Bühne und am Pult proklamiert der Reformator: »Der Glaube an Gott und Christus empfängt gewisse Zusagen und zweifelt nicht!« Zweifeln ist allerdings für Luther keine Sünde, kommt er doch auch in den biblischen Geschichten regelmäßig vor.

Ich selbst muss gestehen, dass ich das Zweifeln erst sehr spät lernen musste. Ich lebte im Lutherformat, bis mich mit 57 Jahren die Diagnose einer chronischen neurodegenerativen Erkrankung schlagartig in den Zweifel meines Lebens gestürzt hat. Solange ich gesund war, konnte ich meine Berufung und Sendung überzeugt leben. Ich hatte mich souverän verbarrikadiert im Elfenbeinturm meiner Theologie und Lebensphilosophie. Das war meine »feste Burg«. Heute weiß ich, dass die ungelöste Theodizeefrage (»Wie kann Gott das zulassen?«) die ungesicherte Hintertür meines Lebenshauses ist. Der Atheismus kann jederzeit frech-provokant durch diese Hintertür, diese Sollbruchstelle meines Glaubens, einbrechen und mitnehmen, was nicht fest verankert ist. Erst in der Erfahrung des Zweifels wird illusionslos aufgedeckt, was nicht im Glauben verankert ist. Es wird im Orkan des Zweifels und der Angst von der Fassade meines Lebens gerissen.

**Erst in der Erfahrung des Zweifels wird illusionslos aufgedeckt, was nicht im Glauben verankert ist.**

Durch die Erfahrung des Zweifels, den Absturz in den Unglauben, bin ich letztlich hinabgestiegen in den Keller meiner Lebensfundamente. Vier Wochen saß ich im Verlies der Anfechtung und des bohrenden Zweifels. Ich wusste bis dahin nicht, was Schwermut ist. Mittlerweile habe ich wenigstens eine Ahnung davon. Ich musste diese Erfahrung machen, anders wäre ich nicht aus dem Hamsterrad der ständigen Verfügbarkeit herausgekommen. Der elementare Zweifel an der Existenz Gottes demontiert alle frommen Sprüche, rüstet den Gerüsteten dermaßen ab, dass ihm jeder fromme Spruch im Hals stecken bleibt. Ich wünsche keinem Kollegen, keiner Kollegin, dass er in Schwermut abstürzt, aber der Glaube gilt erst dann als bewährt, wenn er im Zweifel abgebrüht wurde.

Irgendwann fragte mich ein berühmter Parkinsonforscher, mit dem ich in einer ZDF-Talkshow war, ob ich jemals Angst in meinem Leben gehabt hätte. Früher hätte ich das kühn zurückgewiesen. Heute weiß ich, dass ich von meiner Kindheit an Angst davor gehabt habe, genau diese Zitterkrankheit zu bekommen, die mein

Nachbar hatte, ein alter Bauersmann. Und dann sagte mir der Professor auf den Kopf zu: »Sie sind ein typischer Achtzylinder, vier Kolbenfresser haben Sie erlebt, die Karre Ihres Lebens lief immer noch, aber dann ist Parkinson ausgebrochen.«

Im Licht dieser schonungslosen Analyse habe ich festgestellt, dass ich in meiner Aufgabe als Geschäftsführer mit Finanzverantwortung immer Angst gehabt habe, dass die Spenden nicht reichen, um den wachsenden ideellen Bereich der Medienstiftung zu betreiben. Fünfzehn Jahre lang fixiert auf die Kontostände, getrieben von der Sorge, das Niveau nicht halten zu können und letztlich Mitarbeiter entlassen zu müssen. In diesem Doppelleben habe ich auf der Bühne, auf der Kanzel vollmundig dem Zweifel abgesagt, hinter den Kulissen war ich ein angstgeplagter, zweifelnder Mensch. Ich musste erst krank werden, um diese Zusammenhänge zu verstehen. Um zu lernen, dass der Glaube sich in der Anfechtung bewährt, auf hoher See, nicht im Trockendock, auf der freien Wildbahn, nicht im Streichelzoo. So habe ich bei Sören Kierkegaard und bei Paul Schütz gelernt, dass der Zweifel keine zum Sterben führende Krankheit ist, sondern eine Kur zum Leben, eine Rehabilitation, die zu einer neuen Berufung und einer neuen Begabung führen kann.

Das »Mein Gott, mein Gott, warum hast du mich verlassen?« kann vom Zweifel in die Verzweiflung führen oder – wie in meinem Fall – von der Verzweiflung zu neuem Vertrauen. Aber die Erschütterung der Fundamente ist ein Not wendender Test der Statik meines Lebens. Nicht, um künftig auf alles eine Antwort zu wissen, sondern um auf den zu vertrauen, der mein Leben hält und trägt. Ich gestehe freimütig, dass mir manch vollmundige und pausbäckige Predigt eine größere Anfechtung bedeutet als das Zeugnis eines Zweiflers und eines Gescheiterten. Ich staune immer wieder, wenn gesunde Erfolgsmenschen ein leichtes Evangelium predigen. Gott kann alles. Damit kann man alle intellektuellen Zweifel und alle verzweifelten Abgründe provisorisch abdecken. Aber wenn es ernst wird, wenn der Ernstfall des Glaubens eintritt, dann halten diese Bretter nicht.

Das Fundament der Reformation bestand nicht aus Kühnheit und Wagemut des Reformators. Erst in der existenziellen Erfahrung der Ohnmacht, im Leiden am Zustand der römischen Kirche, wurde eine Idee geboren, eine Erkenntnis geschenkt, dass der Mensch allein aus Gnade gerettet wird und nicht heroisch, zweifelsfrei, erfolgreich, mit guten Werken garniert zum Sieg geführt wird.

Der Sektierer zweifelt nicht, der Atheist scheinbar auch nicht. Der Christ zweifelt sich zu Christus. Der Sektierer hat auf alles eine Antwort, der Atheist auch. Aber er gerät in geradezu religiösen Stress, um Gott aus allen Lebensbezügen herauszuhalten. Das ist ungewollt eine intensive Beschäftigung mit Gott. Darum spüre ich keinen Eifer, bekennende Atheisten des Irrtums zu überführen. Sie sind vielleicht dichter dran als der intellektuell-unredliche Gott-kann-alles-Vertreter. Luther hat fair und demütig gekämpft, philosophisch und theologisch umfassend gebildet, ehrlich gezweifelt. Nur wenn wir es ihm gleichtun, könnte die Reformation eine Neuauflage erleben, dieses Mal nicht gegen Rom, nicht gegen Mekka, nicht gegen den Atheismus, sondern gegen die Harmlosigkeit in den eigenen Reihen. (JM)

**Der Sektierer zweifelt nicht, der Atheist scheinbar auch nicht. Der Christ zweifelt sich zu Christus.**

## EXTRA:
## DAS BESTE UND DAS SCHLIMMSTE

Ich bin überzeugt, Glaube kann das Beste aus uns Menschen herausholen. Was uns heilig ist, kann Kräfte zum Guten in uns mobilisieren: Ausdauer, Hoffnung, Nächstenliebe. Kann uns friedfertig machen und vergebungsbereit. Glaube kann unter extremen Bedingungen Stärke verleihen und Mut.

Aber leider ist auch das andere wahr: Glaube kann das Schlimmste bewirken. Kann uns besserwisserisch machen, intolerant, ignorant, kalt und hart. Sogar gewalttätig.

Glaube kann verbinden, über Grenzen hinweg. Und kann ausschließen. Glaube kann aufbauen und erniedrigen. Kann Versöhnung stiften und Feindbilder schüren. Kann hingebungsvoll dienen und gnadenlos Machtpolitik betreiben. Viel Schlimmes ist im Namen von Religion passiert. Gott, Allah, Ganesh, Buddha, Mohammed und Jesus wurden alle schon vereinnahmt. Glaube ist nicht automatisch ein Schutz vor menschenverachtender Ideologie: Das Land von Johann Sebastian Bach, Kölner Dom und Reformation hat die Shoa nicht verhindern können, ja, hat sie zu verantworten, geplant und zugelassen.

Andererseits: Ohne Gott kann diese Welt auch extrem destruktiv sein. Sie kann einen ebenso vertrösten. Mit Geld, Arbeit, Vergnügen. Und ja, auch im Namen von Geld und Gewinn, von Nationalismus, Rassismus und eigenen Interessen ist viel Schlimmes passiert. Die Wirtschaft übt Gewalt aus oder Nationen.

Und ja, eben auch das stimmt: Im Namen Gottes ist viel Gutes passiert: Die großen Freiheitsbewegungen wurden inspiriert. Krankenhäuser gebaut, Kindergärten, Schulen und Obdachloseneinrichtungen, Seniorenstifte, Hospize. Glaube – er bewirkt Armenspeisungen, Nächstenliebe, Treue, Verantwortung, Gastfreundschaft, Feiertage, Unterbrechung im Alltag, Segen auf der Schwelle bei Hochzeiten und Beerdigungen, Trost, Gebet, Gebote, die unsere Vorstellungen prägen von Richtig und Falsch.

Aber, ach. Juden wurden verfolgt und ermordet. Ungläubige, Andersgläubige, Hexen wurden verbrannt. »Hexe« – diese Verunglimpfung traf früher oft weise Frauen, die sich mit Heilkräutern und -kräften auskannten, die einen besonderen Sinn für die Zusammenhänge von Leib und Seele hatten, die oft unkontrollierbar, autark waren und Respekt vor menschlichen Posten vermissen ließen. Sie wurden daher als gefährlich eingeschätzt. Heute gibt es bei uns keine Scheiterhaufen mehr. Aber jede Zeit hat ihre Ausgestoßenen. Nicht nur, dass bestimmte Milieus Igitt-Reaktionen auslösen. Dass die Weite der Religionsgespräche manchem zu weit geht. Dass der Kampf für Gleichberechtigung einem die Beschimpfung als »Femi-Nazi« einbringen kann. Es gibt bis heute Menschen, die von Rechtgläubigen verteufelt werden. Homosexuelle zum Beispiel müssen das immer wieder erleben. Es wird dann zwar oft beteuert, die Menschen selbst würde man lieben, nur nicht das, was sie tun – aber Menschen sind von ihren Taten nicht zu trennen – und Liebe, die so aufteilt, ist nicht bedingungslose Liebe.

Mancher, der die Rechtgläubigkeit von außen beobachtet, mag fragen: »Gibt es sonst nichts, worüber sich der Glaube empören könnte?« Diese Welt ist zutiefst erschüttert. Millionen Menschen leben ohne festes Dach über dem Kopf. Geflüchtete finden keine Heimat. Arme suchen in Abfalleimern nach Pfandflaschen, fürchten die nächste Epidemie. Gewalt beherrscht viele Städte und Familien. Und da soll sexuelle Vielfalt ernsthaft das Thema sein, was die Rechtgläubigkeit am meisten bewegt? Weil damit der Glaube steht und fällt? Die Verbindlichkeit der Bibel?

Der Glaube kann aufrichten und hinrichten. Scheiterhaufen gab es nicht nur im Mittelalter. Ich habe erlebt, dass Scheitern nicht das letzte Wort haben muss, sondern Glaube, Hoffnung und Liebe mir Recht und Stärke verleihen, zu leben. (CB)

# – TAG 26 –
# GLAUBE IST HEIMAT

Glaube ist eine Heimat. Gottvertrauen ist für mich ein Zuhause. Meine Sehnsucht hat einen Ort gefunden. Es gibt ein Dach für meine Seele. Ich berge mich.

Ich weiß, im Haus des Glaubens liegen Leichen im Keller. Kreuzzüge, Hexenverbrennungen, Missbrauch, Gewalt und Gottesvergiftungen. An manchen Stellen ist das Dach undicht und ich werde nass, stehe allein im Regen.

Die offene und versteckte Frauenfeindlichkeit meiner Tradition macht, dass ich mich manches Mal wie eine Fremde in meinem eigenen Haus fühle. Ich erlebe, ich bin längst nicht immer willkommen, so wie ich bin. Ich werde ausgeschlossen. Ich bin eigentlich Mitbewohnerin, werde aber nicht begrüßt, kalt behandelt oder allzu gönnerhaft eingeladen, doch zu bleiben. Gott sei Dank gibt es in meinem Zuhause besondere Räume, in denen Frauen die Sprache wählen und die Atmosphäre prägen. Dort weiß ich mich wahrhaftig willkommen. Und ich erlebe: Die Freiheit wächst.

Es ist die Judenfeindlichkeit meiner Tradition, die bewirkt hat, dass ich schon überlegt habe, ganz auszuziehen. Ein wohl eher emotionaler Antisemitismus, der über die Jahrhunderte auch von christlicher Predigt geschürt wurde, hat im zwanzigsten Jahrhundert zum konkreten Plan der Vernichtung des Judentums geführt.

Luthers judenfeindliche Äußerungen führten nicht unabwendbar, automatisch zur Shoa. Aber seine Äußerungen und Haltungen waren doch sehr wirkmächtig. Es gibt einen Zusammenhang zwischen Protestantismus und Auschwitz – ich kann nicht daran vorbeiglauben, vorbeidenken, vorbeifühlen. Als Christin kann ich in meiner Heimatreligion ohne diese Erinnerung und Herausforderung nicht leben. Ich muss mir die jüdischen Wurzeln von Jesus und der Kirche ins Gedächtnis rufen. Die Beziehung zu dieser älteren Tradition, zur Synagoge meiner Stadt, zu Jüdinnen und Juden, ist für meinen Glauben eine große Aufgabe. Spirituell und politisch. Ich bleibe, denn in meinem Zuhause gibt es Dialog-Räume mit dem Judentum. Auch das Unsagbare vermittelt sich hier, und ich lerne, die Vergangenheit nicht ohne Hoffnung zu denken.

Ich bin evangelisch. Ich meine damit nicht zuerst eine kirchengeschichtliche Kategorie oder etwa eine dogmatische Abgrenzung von katholisch, sondern evangelisch erinnert mich zuallererst an »Evangelium«, die gute Nachricht vom schönen, skandalösen Jesus. Ich bin »evangelisch-reformiert«. Dabei denke ich zum Beispiel an die »Bekennende Kirche« – während des Naziregimes ein Dach für die, die keine »Deutschen Christen« sein wollten. Auf dem Weg, die Reformation zu feiern, den 500. Geburtstag meines Zuhauses, erlebe ich meine Kirche als reformierungsbedürftig. Und mich selbst jeden Tag auch. Reformation ist eine Haltung. Und eine Aufgabe, eben die der Reform. Die ökumenischen Räume meines Zuhauses schätze ich übrigens sehr. Und Papst Franziskus ist manchmal wirklich zum Katholischwerden …

Wir feiern Gottesdienst im Namen Gottes. Wir besinnen uns in einen Namen hinein. In heiligen Raum. Gottesumgebung. Atmosphäre des Vertrauens. Ja, in Gottes Namen sind Schrecken verübt, Verbrechen gerechtfertigt, Waffen gesegnet worden, und doch: In diesen Namen haben Generationen ihre Sehnsucht nach Frieden und Gerechtigkeit gelegt. In diesen Namen hinein wurden Kinder getauft. In diesem Namen wurden Ehen geheiligt. Bei Taufen, Trauungen und Beerdigungen wird ein Bibelvers gewählt, der auf den Weg ins Neue begleiten soll. Wir bergen unsere größten Ja-Worte, schönsten Versprechen, schwersten Abschiede in Worten, die noch größer sind. Meine Heimat »Glaube« ist größer als mein eigener Glaube.

**Meine Heimat »Glaube« ist größer als mein eigener Glaube.**

Ich denke an den 73. Psalm. Die betende Person hadert mit Gott. Sie zweifelt, weil es den sogenannten »Gottlosen« so gut geht. Scheinbar haben die, die nicht nach Recht fragen, die Gierigen und Skrupellosen, das Glück auf ihrer Seite. Was soll da der Glaube? Warum überhaupt auf Gott vertrauen? Warum nicht den Glauben aufgeben? Und dann hält die betende Person inne. Sie kann nicht. Denn dann würde sie die Gemeinschaft, die Generationen verraten (Psalm 73,15). Ich stelle sie mir vor, wie sie noch schimpft, klagt, trotzt und rotzt. Aber plötzlich hat sie Gesichter vor Augen. Hände, betende, gastfreie, hilfsbereite. Schützende Arme. Stimmen, die singen und widersprechen. Geschmückte Räume. Palmzweige, den siebenarmigen Leuchter, Kerzen. Die Vorfahrinnen und Vorfahren. Das Andenken an die Mütter und Väter des Glaubens. »Ich kann doch das Vertrauen der Generationen nicht verraten.« Der Glaube lebt auf in der Gemeinschaft. In den Erinnerungen und Geschichten der Erzählgemeinschaft.

Glaube ist Heimat. Er war es für viele vor mir. Ich will mich nicht von ihnen trennen. Als ginge mich nicht an, was sie gehofft haben, gelitten und gelebt. Ich werde nicht abstreiten, was sie erfahren haben, als wäre ich schlauer als sie. Nicht, wenn es um so etwas Großes wie den Glauben geht. Glaube ist Heimat. Er wird es für viele nach mir sein. Ich will mich auch von ihnen nicht trennen. Als könnte ich ihnen verbieten, im Gottesnamen Sinn zu finden, Halt, Trost und Glück. Außerdem bin ich misstrauisch gegenüber unserer Wegwerfgesellschaft, die allzu schnell meint, eine Idee habe ausgedient, ohne sich die Mühe zu machen, ihren wahren Wert zu entdecken. Ich möchte nicht denken, dass alle diese Menschen Betrogene waren.

Glaube als Heimat ist größer als das, was ich gerade glaube, erlebe, fühle, denke. Ich glaube meiner Großmutter ihren Glauben. Wir hängen als Kinder nicht nur an den Lippen der Älteren, wenn sie erzählen von Krieg, Flucht, Frieden und Festen. Wir hängen auch an dem Obdach, das sie unserer Seele gaben. Ich glaube den vielen, die vor mir geglaubt haben. Die unsere Lieder, Psalmen und Festtage gehütet haben. Glaube ist das Bewährte. Was bewahrt wurde und das uns bewahrt – vor Verzweiflung, Zynismus, Rache und Härte. Ich kann sie nicht verraten – die Lieder, die Gebete, die Hoffnung. Ich glaube auch mit denen, die neben mir sind. Um mich herum beten und hoffen viele andere. Ich muss nicht alles glauben, was ich singe. Ich kann es gar nicht. Aber ich reihe mich ein. Wenn ich die jahrhundertealten Choräle singe, diese Hymnen des Vertrauens, dann versteh ich wohl nicht jedes Wort, glaube auch nicht jede Zeile, aber es sind andere da. Sie singen und glauben für mich mit. Beim Lesen, Singen und Beten können wir Verbundenheit erleben. Hinter meiner kleinen einzelnen Erfahrung gibt es eine Ur-Erfahrung, die weiter reicht, größer ist, faszinierender ist als das, was ich an Glauben habe. Weitergereicht wird von Generation zu Generation. Ich lasse mich mittragen von den vielen, die mit mir singen, lange vor mir gesungen haben und noch nach mir weitersingen werden. Ich vertraue. Und dieses Vertrauen verleiht mir Frieden und innere Stärke. Diese Wirkung kann ich in meinem Leben ablesen.

**Hinter meiner kleinen einzelnen Erfahrung gibt es eine Ur-Erfahrung, die weiter reicht, größer ist, faszinierender als das, was ich an Glauben habe.**

Ich berge mich mit meinem Glauben und meinen Zweifeln in meiner Erzählgemeinschaft, meiner Kirche, meiner Tradition. Es gibt Zimmer, die ich selten betrete. Themen, Anliegen, Texte, die nicht meine sind. Manches ist mir verschlossen. Das ist okay. Denn es gibt ja auch Lieblingszimmer, die ich gerne aufsuche. Mein Lieblingsplatz im Haus des Glaubens ist eine große, festlich gedeckte Tafel. Aus allen Himmelsrichtungen finden Menschen hier Platz und werden satt. Ja, in meiner Heimat gibt es Räume für Großzügigkeit. Fürs Kühne. Meine Tradition kann so forsch sein, frech und widerständig. Sie ist aufmüpfig und freiheitsliebend. Sie kann üppig sein, lustvoll und spendabel. Ihre Lieder singen von Wüsten, die eines Tages blühen werden. Davon, dass alle satt werden. Alle Tränen getrocknet. Und die Toten leben. Sie wissen vom Frieden und geben nicht auf, ihn uns in die Seele zu singen. In meiner Heimat wird Wein getrunken und Brot geteilt. Ich möchte darauf nicht verzichten. Ich berge mich. Trotzdem. Freiwillig. Gerne. (CB)

# EXTRA:
# LUTHER UND DIE MUSIK

*»Den ersten Platz nach der Theologie gebe ich der Musik!«*

Einer der kostbarsten Schätze auf meinem Regalbrett der Luther-Literatur ist der kunstvoll gestaltete Bildband *Dr. Martin Luther der deutsche Reformator, in bildlichen Darstellungen von Gustav König* von 1900, ein Erbstück von meinem Vater. Als Kind habe ich mir die Gemälde über die Stationen von Luthers Leben immer wieder angeschaut und eingeprägt. Ich staune bis heute, wie diese Bilder meine Vorstellung des großen Reformators geprägt haben. Luther mal kantig, derb, radikal, unangepasst, ungestüm und ungeduldig. Einer, der vom Blitz flachgelegt wurde und der heiligen Anna Leib und Leben versprach. Einer, der im heiligen Zorn ein Poster an die Kirchentür tackerte. Und im Kontrast dazu Martin Luther als der milde, liebevolle, geduldige, besorgte Vater und Ehemann, Freund und Bruder. Die zartesten Lutherbilder sind die, die ihn mit einem Musikinstrument zeigen. So schrieb er 1530 in einem Brief von der Feste Coburg, es »könnte keine Kunst der Musik gleichkommen, weil allein sie neben der Theologie das gewährt, was an anderer Stelle nur die Theologie schafft, nämlich Ruhe und Freude der Seele«.

In einer Skizze unter dem Titel »Über die Musik« finden wir dieses Bekenntnis:

Ich liebe die Musik, denn sie ist

ein Geschenk Gottes, nicht der Menschen,

sie macht fröhliche Herzen,

sie verjagt den Teufel,

sie bereitet unschuldige Freude. Darüber vergehen Zorn, Begierden und Hochmut.

Ich glaube, dass das kantige Temperament Luthers durch die Beschäftigung mit der Musik geradezu besänftigt wurde. Wir kennen ihn als Texter, Sänger und Instrumentalisten. Bereits in der Schulzeit sang er in der Kurrende, im Studium in Erfurt gehörte Musik zum Lehrplan. Wir wissen, dass er Querflöte und besonders das Saiteninstrument Laute spielen konnte. Er verstand sich sogar auf die Kunst des »Absetzens«, also Partituren anderer Instrumente für die Laute zu bearbeiten. Vielleicht hat die Liebe zur Musik für Luther eine stimulierende therapeutische Wirkung gehabt, denn es wird berichtet, dass er auf dem Weg nach Worms Musik gespielt habe.

Im Hause Luthers nahm die Musik einen großen Raum ein. Nach der privaten Aufführung einer abendlichen Motette kommentierte Luther derb: »Wenn unser Herrgott in diesem Leben in das Scheißhaus solche edle Gaben gegeben hat, was wird in jenem ewigen Leben geschehen, wo alles perfekt und ergötzlich ist?«

So wurde Luther der Begründer des neuen deutschen evangelischen Kirchenliedes. 1523 teilte er Georg Spalatin mit: »Ich habe den Plan, muttersprachliche Psalmen für das Volk zu schaffen, das heißt geistliche Lieder, damit das Wort Gottes auch durch Gesang bei den Leuten bleibt.« Dabei ging es Luther vor allen Dingen um eine zeitgemäße Sprache: Vielmehr solle »das

Volk möglichst einfache und gebräuchliche, freilich reine und passende Worte singen«. Dieser völlig neue Ansatz fand sogar seinen Weg in den reformiert-calvinistischen Kulturkreis. Als dann 1524 und 1529 das erste Wittenberger Gemeinde-Gesangbuch erschien, hatte das große Auswirkungen. Luther erwies sich als Texter von ungeheurer Produktivität: Von 34 Lutherliedern waren 24 innerhalb des Jahres 1524 entstanden. Das Kirchenvolk hat diese Lieder mit Begeisterung aufgenommen. Einige von ihnen erlangten den Status echter Hits, wie zum Beispiel »Vom Himmel hoch«.

Heinz Schilling bemerkt in seiner Lutherbiografie, dass sogar Friedrich Nietzsche, der eine radikale Trennlinie zu Luther und der Welt des Lutherturms zog, bewusst oder unbewusst in ihren Bann gezogen wurde: »Von der grässlichen, hochmütigen gallig-neidischen Schimpfteufelei Luthers angeekelt, nimmt er fast im selben Atemzug bei der Vorahnung eines plötzlichen Todes Zuflucht zu der offenbar unnachahmlichen Diktion des Reformators: ›Mitten wir im Leben sind mit dem Tod umfangen!‹«[7]

Luther als Musiker. Der besänftigte Rebell. (JM)

# – TAG 27 –
# WARUM GNADE BESSER
# ALS KARMA IST

Bei Gnade denke ich an ein Lied von der irischen Rockband U2, »Grace«. »Grace finds beauty in everything«, heißt es da – Gnade findet überall noch etwas Schönes. Ich denke an ein Konzert, in dem Bono über Gnade sprach. Ich war sehr fasziniert. Dieser coole Rock-Sänger, Gitarrist, Frontmann sagte ganz klar, dass unsere Welt leidet, weil wir nach dem Prinzip »Reaktion und Gegenreaktion«, »Wie du mir, so ich dir« handeln. Und dann schwärmte er von Gnade. Und wie! Von diesem Glück, Gnade zu erleben. Ein Gänsehaut-Moment. Alle hingen an seinen Lippen. Gnade unterbricht Karma. Das »Was du gesät hast, wirst du auch ernten«-Ding wird auf den Kopf gestellt. Vielleicht ist es etwas Besonderes, wenn das auf einer Bühne gesagt wird und nicht nur auf einer Kanzel. Mich berührt es, dass jemand wie Bono glaubt, dass im Herzen des Universums Liebe ist. Und dass er glaubt, diese Idee könnte die Welt verändern. Die Gnade spürt die Schönheit auf. Auch im Dunkeln, in den Abgründen, auch in unserem Leben.

Solange ihr Leben Karma bewirkt hat, wird eine Person immer und immer wieder geboren – so die Vorstellung in den indischen Religionen (in Hinduismus, Buddhismus und Jainismus). Wenn ihre Taten Spuren in der Welt hinterlassen haben, kann sie nicht aus dem Samsara, dem Kreislauf, dem Immer-Weiter, befreit werden. Karma versperrt den Zugang zum Nirwana, dem eigentlichen Ziel. Wiedergeburt hat hier nichts Erlösendes, erst recht nichts Abenteuerliches oder Romantisches. Es ist vielmehr harte Konsequenz der Taten. Insbesondere Hass, Egoismus und Begehren schaffen Karma. Erst wenn kein Karma mehr erzeugt wird, keine Taten, die Auswirkungen in der Welt hinterlassen, entkommt man dem Kreislauf und erreicht Nirwana. Jede Person ist für ihr Karma verantwortlich und trägt die Konsequenzen.

Dazu sei aber angemerkt, dass es aber Gnade gibt – zum Beispiel in der Bhakti-Ausrichtung des Hinduismus (und Sikhismus und im mystischen Islam). Gott, wie im Christentum personal gedacht, kann aus Liebe Karma auflösen und aus dem Kreislauf retten.

In Westeuropa kann ein wachsendes Interesse an Karma und der Idee vom »Rad der Wiedergeburt« in Ratgebern, Zeitschriften, Liedern, Deko-Symbolen beobachtet werden. Es ist ja auch eine schöne, allen Menschen gemeinsame Hoffnung, dass noch mehr zu erleben ist. Dass dieses Leben nicht die letzte Gelegenheit ist. Dass nach dem Tod mehr kommt als ein Nichts. Auch wenn ein Hindu sich die Wiedergeburt eigentlich nicht wünscht – im gestressten Westen ist der Gedanke äußerst attraktiv. Dann könnten weitere Leben, weitere Gelegenheiten folgen. Da man sich in einem einzigen Leben nicht alle Wünsche erfüllen konnte, hofft man auf eine Wiederkehr. Nicht wirklich interessant ist Nirwana, das Ziel der Reise, sondern schön ist die Vorstellung, noch ein paar weitere Reisen zu unternehmen. Eine zweite oder dritte Runde einzulegen. Wiedergeboren zu werden – natürlich aber nicht als Kind in einem Slum, sondern als Prinzessin. Nicht arm, sondern mindestens so privilegiert wie beim ersten Mal.

Gnade unterbricht das Immer-so-Weiter. Ein großartiges Geschenk für alle, die schwer tragen an den Konsequenzen ihrer Taten. Für alle, die ihre Vergangenheit als unerbittlich erleben. Für alle, die dem tödlichen System entkommen wollen. Für alle, die erleben: »Der Sold, den die Sündenmacht zahlt, ist der Tod. Die Gabe, die Gott schenkt, ist ewig lebendiges Leben« (Römer 6,23; eigene Übersetzung).

**Gnade unterbricht das Immer-so-Weiter. Ein großartiges Geschenk für alle, die schwer tragen an den Konsequenzen ihrer Taten.**

Es gibt im Christentum eine Tradition, die sagt: Der Mensch hat sein Heil verloren – und die Folge ist die Sünde. Der Mensch lebt jenseits von Eden, weit weg vom Ursprung, vom Paradies. Er ist böse; von Geburt an. Alle sind schuldig. Geburt ist neues Leben, aber immer schon schuldiges Leben. Dafür erfand diese Denklinie den Begriff der »Erbschuld« oder »Erbsünde«. Die menschliche Natur erbt immer Schuld. Wer aber glaubt, kann davon frei werden. Wie? Woher kommt die Hoffnung auf Erlösung?

Weil ein Unschuldiger stirbt, Jesus, der ohne (Erb-)Sünde war, kann der Mensch wieder leben. Die Schuld ist gesühnt, bezahlt, von dem Einzigen, der zahlen konnte. Weil er durch sein sündloses Leben Pluspunkte gesammelt hat, die allen anderen angerechnet werden. Der Tod, den Jesus von Nazareth am Kreuz starb, ist unsere Wiedergeburt. Wer das glaubt, wird gerettet.

Diese Tradition hat eine lange Wirkungsgeschichte, große Weisheit und Tiefe. Das Leid des Unschuldigen kann uns so existenziell berühren, dass uns sein Anblick verwandelt und wir erleben, wie wir frei werden. Wenn dieser Idee allerdings ihre Tiefe verloren geht, kommt sie am Ende vor allem als Moral daher. Weil sie sich um Sünde und Sühne dreht. Sie kann Angst bewirken, Heilsangst. Panik, dass am Ende doch die Strafe für die Schuld kommt.

Es gibt eine andere christliche Traditionslinie, die eine weitere Idee entwickelt hat. Auch sie sagt: Ja, der Mensch hat das Heil verloren – aber die Konsequenz ist nicht zuerst die Sünde, sondern der Tod. Der Mensch ist nicht vor allem sündig, er ist vor allem sterblich. Sein größtes Problem ist nicht Schuld, sondern Endlichkeit. Woher kommt hier die Hoffnung auf Erlösung?

Diese Denklinie sagt: Es ist die Geburt Gottes, die uns rettet. Weil Gott als Mensch geboren wird und die menschliche Natur vollkommen annimmt, gewinnt der Mensch sein Leben, seine Unsterblichkeit zurück.

Diese Tradition spricht nicht von Erbsünde, sondern von »Erbheil«. Wirksam war und ist sie vor allem in der Ostkirche, im orthodoxen Christentum. Sie wird von einem großen Vertrauen beseelt: Vom allerersten Tag bis zum allerjüngsten kommt Gott mit seiner Schöpfung zum Ziel. Gott ist nicht aufzuhalten. Das göttliche Kind der Liebe, Jesus, der Lebenswille des Heiligen, wird sich durchsetzen. Überall. Denn er hat das All mit sich versöhnt (Kolosser 1,20). Ostern ist die Vollendung von Weihnachten. In der Jesus-Geschichte und Jesus-Person schenkt Gott das Heil zurück: Seine Geburt zeigt seine Nähe zu uns. Sein Tod ist Konsequenz seines Liebe-vollen Lebens. Seine Auferweckung zeigt: Gott ist ein Gott des Lebens.

Gregor von Nyssa zum Beispiel, ein sogenannter »Kirchenvater« aus dem 4. Jahrhundert, sagte: Damals, als Jesus geboren wurde, hat sich Gott »auf das Innigste mit unserer Natur vereinigt, wurde menschlich, damit die Menschheit durch ihre Verbindung mit Gott göttlich würde«. So wurde die Menschheit von Grund auf geheilt. Denn wenn Gott die menschliche Natur annimmt, dann heilt er sie auch, und zwar an ihrer Wurzel, in ihrem tiefen Sein, vollkommen.

Nicht erst durch den Tod Jesu, sondern schon durch die Gottesgeburt wird der Mensch gerettet. Die Geburt Gottes, Weihnachten, ist so eine radikale Annäherung an die Welt, dass die Welt dadurch umfassend versöhnt wird. Und weil Gott, der Liebe ist, Mensch wurde, kann der Mensch jetzt das werden, wozu er geschaffen ist, ein Liebender. Auch diese Denklinie kann uns heute inspirieren.

Der Tod ist übermächtig. Er erschreckt uns wie zu allen Zeiten. Im Herzen des Universums ist die Liebe. Gott wird geboren in die Mitte der Welt hinein. Wer Christus vertraut, wird ein Mensch ewig lebendigen Lebens.

Eine Reformation meines Herzens, die ich mir wünsche, ist, dass ich dem Gotteskind vertraue. Vertraue wie ein Kind. Neugierig. Erwartungsvoll. Neugeborene sind nicht zynisch. Das Kind göttlicher Liebe will bei uns wohnen. Jesus will mit uns leben. Der Glaube will uns gewinnen. Gnade ist Glück. Gottes Lebenswille wird, wo unser Leben endet, erst so richtig munter. (CB)

**Eine Reformation meines Herzens, die ich mir wünsche, ist, dass ich dem Gotteskind vertraue.**

## EXTRA:
## REFORMATION UND POLITIK

In einer Gesamtschau der Kirchengeschichte werden zwei Wege von Reformprozessen erkennbar: In einer einzelnen Gemeinde vor Ort entstehen geistliche Aufbrüche und führen im regionalen Umfeld zu Reformprozessen, die man am besten mit dem Begriff »Erweckung« beschreibt. Diese geistlichen Aufbrüche geschehen zunächst in geografisch klar definierten Regionen, entlang von Flüssen oder Handelswegen, abgeschlossenen Tälern oder abgelegenen Bergregionen. Das Feuer der Erweckung breitet sich meistens nicht über bestimmte Dialektgrenzen oder topografische Gegebenheiten hinweg aus.

Die Erweckung im Dillkreis und im Siegerland wurde zum Beispiel durch arbeitslose junge Leute ausgelöst, die im Ruhrgebiet Arbeit gefunden hatten und dort von der Erweckung des 19. Jahrhunderts persönlich erreicht wurden. Angesteckt von diesem Feuer trugen sie die Flamme in ihre Heimat und legten dort das Feuer einer geistlichen Erneuerung. Je nachdem, wie offen die einzelne Kirchengemeinde und der Pfarrer dafür waren, wurde das erweckliche Feuer in die örtliche Gemeinde getragen oder – wenn der Pfarrer durch diese Ereignisse in seinem Glaubens- und Kirchenverständnis irritiert war – es entstanden pietistische Kleingruppen, die sich später zu landeskirchlichen Gemeinschaften entwickelt haben. Im Falle kompletter Verweigerung oder gar Feindschaft der örtlichen Kirchengemeinde emigrierte die geistliche Erneuerung in freie Gemeinden und Brüderversammlungen. Wenn man nach den Ursachen dafür sucht, warum es so viele Strömungen innerhalb des Protestantismus gibt, dann liegen hier die Wurzeln. Die Separation und die Bildung freier Gemeinden war oft das Ergebnis von mangelnder Empfänglichkeit für Evangelisation und geistliche Erneuerung auf Seite der Landeskirche.

Im Gegensatz dazu ist Luthers Reformation nur teilweise von örtlichen Gemeinden aufgenommen und ins

Land getragen worden. Die Umsetzung geschah auf politische, flächendeckende Art und Weise durch die städtischen Magistrate oder in der Verantwortung der jeweiligen Landesherren in Kooperation mit den Fürstentümern. »Das weltliche Recht soll gelten, weil das Evangelium nicht wider weltliches Recht lehret.« Ohne die Unterstützung etwa seines eigenen Landesfürsten hätte Luther seine eigene Reformation nicht überlebt. Wie das konkret in Hessen ablief, dazu habe ich Pfarrer Dr. Georg Kuhaupt in Kirchhain bei Marburg befragt, der sich in seiner Dissertation mit diesem Thema beschäftigt hat:

**JM:** »Wie ist es Martin Luther gelungen, Landgraf Philipp den Großmütigen für die Reformation zu gewinnen?«

**GK:** »Der Fürst hatte schon früh an seinem Hof in Kassel evangelisch gesinnte Beamte und Berater. Seine Hinwendung zur Reformation vollzog sich langsam, aber stetig, und vor allem auch unter dem Eindruck persönlicher Bibellektüre. Ein noch vorhandenes Bibelexemplar Philipps zeigt, wie intensiv der Landgraf die deutsche Übersetzung gelesen haben muss. Persönlich ist er Luther wohl schon auf dem berühmten Wormser Reichstag 1521 begegnet. Da ist aber noch nichts von Sympathien für Luther zu erkennen. Eine eher zufällige Begegnung mit Luthers engstem Mitarbeiter Melanchthon fand 1524 statt, die man aber nicht überschätzen darf. Es ist der Gesamteindruck von Luthers Schriften und dem reformatorischen Programm zur Reform des Kirchenwesens (seine Predigten!) gewesen, der Philipp geleitet hat. Natürlich sah er auch die Vorteile für sich, wenn die Kirche in Hessen nicht mehr an die Autorität Roms gebunden sein würde. Deshalb war er 1526 entschieden für die Reformation. Die vom Landgrafen gelenkte Synode zu Homberg markiert den offiziellen Übergang Hessens von einem herkömmlich katholischen Kirchenwesen zu einer evangelischen Kirche. Die Kirche in Hessen orientierte sich dabei nicht an den Wittenberger Reformatoren, sondern auch an Zwingli, dem Züricher Theologen, der sich 1529 zu einem Religionsgespräch in Marburg mit Luther traf.«

**JM:** »Philipp hat ein ausschweifendes außereheliches Leben geführt bzw. hatte sogar eine zweite Ehefrau. Zudem litt er an der damals weitverbreiteten Syphilis. Er hatte sich zu seiner eigenen Rechtfertigung die These konstruiert, er könne so leben, weil Gott dies den Patriarchen des Alten Testamentes ja auch zugestanden habe. Hat Luther ›beide Augen zugedrückt‹ und seine geistlichen Erkenntnisse der politischen Durchsetzung der Reformation untergeordnet?«

**GK:** »Der Landgraf war durchaus nicht unglücklich verheiratet und hatte mit seiner legitimen ersten Ehefrau Christine, einer sächsischen Prinzessin, viele Kinder – übrigens auch nachdem er die zweite Ehe 1540 geschlossen hatte. Das Eingehen einer parallelen zweiten Ehe war (wie heute) reichsrechtlich nicht möglich. Margarethe von der Saale hieß die junge Frau, auf die 1539 Philipps Blick gefallen war. Ihre Familie mochte nicht zulassen, dass er sie, wie andere Fürsten es ohne Skrupel taten, als Mätresse versteckt hielt. Der Landgraf sah in einer zweiten Ehe die Möglichkeit, seine Sexualität zu kanalisieren. Er suchte Rat, auch in Wittenberg bei Luther und Melanchthon. Man riet ihm als seelsorgerlichen Grenzfall zu einer solchen Maßnahme. 1540 wurde diese zweite Ehe geschlossen, die zunächst geheim gehalten werden sollte. Aber die Sache ließ sich nicht verheimlichen. Das hat die öffentliche Reputation Philipps sehr beschädigt und politisch dem Zusammenschluss der evangelisch gewordenen Städte und Fürstentümer sehr geschadet. Ob Luther die Folgen seines Rates an Philipp hinreichend bedacht oder einfach nur falsch eingeschätzt hat, lässt sich nicht mehr beantworten. Er distanzierte sich vom Landgrafen, ohne dass der briefliche Kontakt zwischen beiden ganz erloschen wäre.«

**JM:** »Was wäre aus der Reformation in Hessen geworden, wenn sie nicht politisch, sondern durch eine erweckte Basisbewegung ins Land getragen worden wäre?«

**GK:** »Die Reformation hat durch ihr Bildungsprogramm (Bau von Schulen, Gründung der Universität Marburg, Stipendienprogramme, Einrichtung einer ersten Druckerei auf dem Boden des Territoriums usw.) überhaupt dafür gesorgt, dass die Mehrzahl der Menschen in Hessen selber lesen konnte. Und erst durch die auf Deutsch vorgetragene Predigt, durch den sprachlich nachvollziehbaren Gottesdienst, den deutschen Katechismus, die evangelischen Lieder und die Bibellektüre konnten die Menschen sich ein selbstständiges Bild vom Evangelium und von Jesus Christus machen. Die Voraussetzungen für jede Form von späterer ›Basisbewegung‹ (wie im Pietismus oder der Erweckungsbewegung) mussten strukturell erst geschaffen werden. Daran hat die Reformation einen sehr großen, wenn nicht den entscheidenden Anteil gehabt. Sie hat den Glauben des Einzelnen in den Mittelpunkt gerückt.« (JM)

# – TAG 28 –
# ZWISCHEN SPALTUNG UND VERSÖHNUNG – EINE »SOLA-SYNTHESE« ZUR VERSTÄNDIGUNG

»Es ist zum Katholischwerden« – so entfährt es mir zuweilen halb ernst und halb humorvoll, wenn Papst Franziskus mal wieder mit Überraschungen aufwartet, die seine Gegner so irritieren, dass uralte Feindbilder aus dem sorgsam bewahrten Rahmen fallen. Während ich diese Zeilen verfasse, haben führende Vertreter der evangelikalen Bewegung und der Ökumene in Deutschland die Bitte von Papst Franziskus um Vergebung begrüßt. Das Oberhaupt der römisch-katholischen Kirche hatte am 25. Januar 2016 bei einem Abendgebet in Rom Angehörige anderer christlicher Konfessionen um Verzeihung gebeten für das Unrecht, das Katholiken ihnen zugefügt haben.

Man hört und staunt. Das tut gut. Und es ist sicher kein medienwirksamer, strategischer Coup zur Harmonisierung der Differenzen im Vorfeld des Reformationsjubiläums. Das kommt aus tiefer Überzeugung und echter Bemühung um die Überwindung von Spaltung und Separation. Ein ähnliches Bekenntnis mit der Bitte um Verzeihung hatte es bereits im Blick auf die Pfingstkirchen gegeben. Franziskus wird zum Pontifex, zum Brückenbauer zwischen den beiden großen Lagern der Christenheit. Die theologische Vorarbeit zu dieser Annäherung hat Papst Benedikt XVI. mit seiner Jesus-Trilogie geleistet, die im konservativen Protestantismus ein überaus positives Echo gefunden hat.

Die Reformation Martin Luthers war eine Not wendende Rückbesinnung auf die Bibel und eine Kritik der römischen Glaubenspraxis, die Christus nicht mehr im Zentrum hatte. Zu sehr hatte der fragwürdige Ablasshandel den Blick auf das Heil in Jesus verstellt. Papst Leo V. brauchte Geld für umfangreiche Baumaßnahmen in Rom, die Landesfürsten hielten auch die Hände auf, um ihre politisch-religiöse Macht zu manifestieren. Man sagte, Ablassprediger hätten sogar für den Fall Vergebung zugesprochen, wenn jemand »die heilige Jungfrau Maria Mutter Gottes geschwächt und geschwängert hätte«[8]. Die Vermischung von wirtschaftlichen Interessen und dem Heil in Christus war ein riskant vermintes Gebiet. Darum ging Luther den tiefer liegenden Ursachen solch abwegiger Symptome nach. So lautet die erste der 95 Thesen: Unser Herr und Meister Jesus Christus wollte mit seinem Wort »Tut Buße!«, dass das ganze Leben der Gläubigen Buße sei!

Stellen wir uns also heute wieder unter diese These und fragen, was uns den Blick auf den gekreuzigten Christus verstellt. Klar, ein Lutheraner ist tief innen imprägniert gegen jede Form materiell erkauften Seelenheils. Umso irritierter war die evangelische Welt, als Papst Franziskus anlässlich der Ausrufung des Heiligen Jahres Ende 2015 verkündigte, Pilger könnten jetzt wieder Ablass erhalten. »Lieber Franz, damit hast du uns einiges zugemutet!«

Aber worin besteht nun unsere Schlagseite? Ist uns im Kampf um die rechte Bibelauslegung und um den immer wieder beklagten Verlust an geistlicher Substanz volkskirchlicher Gemeindepraxis

der Blick für unser eigenes Herz verloren gegangen, das in selbstge-
fälliger Erhabenheit über den Erkenntnissen anderer steht? Wenn
mein ganzes Leben Buße ist, dann finde ich mich auf Augenhöhe
mit den Vertretern anderer Lehrmeinungen wieder, deren Leben
ebenso in der Buße verankert ist. Ist es wirklich Zeit zum Aufstehen
gegeneinander oder ist es an der Zeit zum Niederknien miteinander? Wenn unser ganzes Leben Buße sein soll, dann könnte es im
gemeinsamen Bewusstsein unserer Sündhaftigkeit bestehen, in der
Gemeinschaft der begnadigten Sünder.

**Ist es wirklich Zeit zum Aufstehen
gegeneinander oder ist es an der Zeit
zum Niederknien miteinander?**

Das erste *solus*, Allein die Gnade, ist die entscheidende Voraussetzung für die Überwindung von Lehrdifferenzen. Unser Wissen ist
Stückwerk, wir sind Kinder unserer Zeit, wir verfallen immer wieder religiösen Modeströmungen und vergessen darüber, dass wir
als Sünder die Bibel lesen. Und als Gerechte zugleich. Wir beten
um Weisheit und um Erleuchtung durch den Heiligen Geist und
stellen zugleich fest, dass unser Wissen und Verstand mit Finster-
nis umhüllt sind. Wenn wir uns das nur gegenseitig eingestehen
würden, wäre eine Grundvoraussetzung zum Verstehen der Bibel gegeben. Wir würden näher an das zweite *solus* kommen, die
Schrift. Eine Hermeneutik der Demut, die in Ehrfurcht vor Gottes
Wort und zugleich in intellektueller Redlichkeit den Konsens in der
Mitte sucht, in der Christologie und der Heilslehre, und den Dis-
sens in nicht heilsnotwendigen Fragen aushält und austrägt, bringt

uns dann dicht ans dritte *solus*, ans »Allein Christus«. Er lebte, was er lehrte. Er lehrte nicht abstrakt, abgehoben im Expertenwinkel, sondern mitten unter seinen Schülern, unterwegs, im Vollzug des Alltags, umgeben von Ungerechtigkeit, von Leid und Tod und auch in der Provokation der buchstabenfixierten Tempeltheologen. Und so kommen wir vom »Allein Christus« zum finalen Exklusivpartikel, dem Glauben, der aus Gnade sich der Wirkung der Schrift aussetzt und in ihr den Christus findet, der uns Glauben schenkt, damit wir glauben können. Die Gemeinschaft der Glaubenden hält es aus, dass das, was uns noch trennt, die Sehnsucht nach der Ewigkeit weckt, in der wir nichts mehr fragen werden.

Der Ex-Marburger und jetzt Münchner Theologe Jörg Lauster, Professor für Systematische Theologie und Religionsphilosophie, hat in seinem viel beachteten Werk »Die Verzauberung der Welt – eine Kulturgeschichte des Christentums« festgestellt:

> Die Reformation ist die Summe vieler Reformationen. Sie ist mehr als nur die Spaltung zwischen evangelisch und katholisch, sie ist auch mehr als die bloße Differenz in der kirchlichen Lehre. Die nach der Antike größten Umwälzungen des Christentums brachten eine Vielzahl von Christentümern hervor. Der Wandel war so tief greifend, dass er in einem Atemzug mit der französischen Revolution zu den großen Umbrüchen des westlichen Kulturkreises gerechnet werden muss.[9]

Eine Vielzahl von »Christentümern« – angesichts der Tatsache, dass es heute rund 38 000 Denominationen und unabhängige Kirchen gibt, mag man Jörg Lauster recht geben. Christentümer in fortwährenden Spaltprozessen, Irrtümer in religiös prägenden Köpfen von Theologieskeptikern und Kulturpessimisten, Verlust des Glaubens beim theologischen Personal der Kirchen. Die Erben Luthers präsentieren sich nicht als ein vergleichbares Gegenstück zur zentralistisch geführten Weltkirche Roms, sondern in einem religiösen Gemischtwarenladen unzähliger Spaltungen, Differenzierungen, sich gegenseitig ausschließender Exklusivzirkel. Wenig greifbar, kaum einsortierbar, ohne einen zentralen Sprecher, der dem Papst ebenbürtig begegnen könnte. Und genau das ist vielleicht sogar die Chance für den ökumenischen Dialog. Die beiden Schwestern sind höchst unterschiedlich, sie koalieren nicht, sie fusionieren nicht, sie gehen getrennte Wege zu einem Ziel und beschönigen die Differenzen nicht.

Innerhalb der lutherischen Erbhöfe haben sich die konservativen Protestanten, die Pietisten, die Evangelikalen, die Charismatiker zu einer bunten Streuobstwiese entwickelt. Nein, einig und einheitlich sind wir nicht. Aber wir sind eins in Christus. Und wir sollten uns einmal daran gewöhnen, dass differierende Standpunkte in nicht heilsnotwendigen Fragen im besten Sinne des Wortes in einer vitalen Pluralität ertragbar sind. Wer nur über das Fallobst klagt, wird die guten Früchte dieser bunten Streuobstwiese nie entdecken und genießen können. Fortwährende Zersplitterung macht uns harmlos, kraftlos, zukunftslos. Allein der Glaube an den Herrn, der seine Kirche liebt und pflegt und zur Vollendung bringt, lässt mich hoffen, dass aus Christentümern eine entspannt-fröhliche Kreativtruppe wird, die in ihrer Vielfalt in Einheit eine lebendige Christus-Ökumene baut. (JM)

**Fortwährende Zersplitterung macht uns harmlos, kraftlos, zukunftslos.**

# EXTRA:
## AUS LUTHERS LEBEN 4

## DER ANSCHLÄGER

Seine theologischen Grundentscheidungen, Entdeckungen und Kritikpunkte fasst Luther in 95 Thesen zusammen. Sie sorgen für Diskussion und Gegenreden.
Schließlich schlägt er sie, symbolträchtig, nachhaltig,
wirkungsvoll, an die große Eingangstür der Wittenberger
Schlosskirche. Er macht sich Freunde, auch unter Fürsten. Und Feinde, ebenfalls unter Fürsten. Bald geht es
nicht mehr nur um theologische und innerkirchliche Fragen, sondern auch um politische Macht. Papst und Kaiser und regionale Fürsten verfolgen eigene Interessen.
Für manche ist er ein Held, Retter der Kirche, für andere ein Ketzer. Er wird nach Rom vorgeladen, um sich zu
rechtfertigen, kann sich entziehen, wird beim Reichstag
in Augsburg verhört, weigert sich, seine Thesen zurückzuziehen. Weitere Streitgespräche folgen. Luther lebt
gefährlich. Er muss fürchten, unter Bann gestellt zu werden. Einige seiner Schriften werden öffentlich verbrannt.
Statt sich zu fügen, provoziert er weiter und verbrennt
seinerseits eine Papst-Bulle. Er wird exkommuniziert.

## EINE BERÜHMTHEIT

Luther wird berühmt. Die Erfindung des Buchdrucks
sorgt dafür, dass sich seine Ideen schnell und weit ver-
breiten. Eine Welle von Sehnsucht nach Veränderung im

Land trägt ihn. Er bekommt auf einem weiteren Reichstag eine neue Chance, sich zu verteidigen, doch obwohl er weiß, dass er sich in Lebensgefahr bringt, widerruft er seine Aussagen nicht. Konsequent begründet er seine Position mit der Schrift und mit seinem Gewissen. Jetzt steht er unter Bann. Er ist vogelfrei. Er darf nicht öffentlich lehren. Seine Schriften dürfen nicht vervielfältigt werden. Wer ihn bei sich aufnimmt, bringt sich selber in Gefahr. Freunde inszenieren seine Entführung und bringen ihn auf die Wartburg. Hier lebt er versteckt und anonym und hat Zeit. Er übersetzt. Die Bibel in deutscher Sprache entsteht, die weltberühmte Lutherbibel. Die Heilige Schrift gibt es jetzt in eigener Muttersprache, Volksmund, verständlichem Deutsch. Sie erntet große Begeisterung. Spätestens als auch eine erste Messe in Deutsch gefeiert wird, ist klar, dass diese Reform Luthers einschneidende Auswirkungen haben wird.

Luther heiratet Katharina von Bora. Ein Mönch und eine Nonne werden ein Ehepaar und Eltern von sechs Kindern. Eine weitere Reform: Das Zölibat ist nicht mehr einzige Lebensform für Männer der Kirche. Es kommt zu weiteren Unruhen, Aufständen und Kämpfen. Macht, Interessen, Konflikte erschüttern die Kirche wie die politische Welt. Luther hält weiter Vorlesungen, schreibt, legt die Bibel aus, predigt, bezieht Position zu verschiedenen Fragen. Mischt sich ein, versucht, Einfluss zu nehmen. Mal scheitert er, dann findet er wieder Unterstützung. Er streitet und schlichtet, findet Kompromisse und provoziert weiter bis zuletzt. Er stirbt im Alter von 62 Jahren und wird in Wittenberg beerdigt. (CB)

# – TAG 29 –
# ZWEI PERSÖNLICHE NACHWORTE

## UNERSCHROCKEN WIE LUTHER

Unsere vierwöchige Reise ist zu Ende. Nun ruht die Arbeit. Es ist alles geschrieben, es ist alles gesagt. Was habe ich selbst dabei gelernt?

Vor allen Dingen und wieder ganz neu, dass mein Leben von der Gnade lebt und ich gern ein Mensch sein möchte, der Gnade gewährt. Die Gnade hat einen Namen: Jesus Christus. Allein Jesus Christus.

Ich habe die Hoffnung, dass wir mit diesem Buch nicht nur bekannte Positionen bestätigt haben, sondern unsere Leser auch ein wenig aufgerüttelt haben, um ihnen Gelegenheit zu geben, selbst ihren Glauben zu erklären und zu verteidigen.

Mein Fazit: Die Beschäftigung mit der Reformation Luthers hat mich zu der Einsicht gebracht, mich nicht mehr zu sehr durch Tagesthemen alarmieren zu lassen. Es gibt im Grunde genommen keine neuen theologischen Debatten, es war alles irgendwie und irgendwann schon mal da. Wir müssen nicht das neu erfinden, was Luther erkannt und unerschrocken umgesetzt hat. Der historische Rückblick macht demütig und nimmt uns die Illusion, dass wir es besser machen würden. Aber das habe ich bei Martin gelernt:

Ich will gerne meine Haut zu Markte tragen, auch wenn ich damit einige Schwestern und Brüder enttäusche. Ich bin so friedliebend, dass ich solche Irritationen lieber vermeiden würde. Ich stelle mit Schrecken fest, dass ich die umstrittenen und trennenden Positionen lieber galant umgehe, denn ich kenne das Verletzungsrisiko nur zu gut. Die Häutungen meines Lebens sind mit Schmerzen verbunden. Ich musste lernen, mich von bequemen Positionen zu verabschieden und mich auf neue Erkenntnisse einzulassen.

Eigentlich müssten wir – wie Martin Luther – auf den Tisch hauen und die Kirche an ihre eigentliche Bestimmung erinnern. Aber wir verzichten lieber darauf, die Gemeinde zu provozieren. Um des lieben Friedens willen verbiegen wir uns gegen unsere Überzeugungen. So werden wir ganz unbewusst zu religiösen Funktionären, die die Wahrhaftigkeit verletzen und Erwartungen bedienen, nach denen »ihnen die Ohren jucken« (2. Timotheus 4,3).

Eigentlich. Und eigentlich sollten wir genau das nicht tun, nämlich die Kirche schlechthin für alles verantwortlich machen, was sie geworden ist und was sie nicht geworden ist. Die Kirche ist die Summe ihrer Glieder. Ich bin Kirche, und wenn mein Herz nicht reformiert wird, bleibt Kirche so, wie sie ist. Sie wandelt sich nur im Maße der Wandlung meines Herzens, meiner Einsicht und Gesinnung. Ich erwarte nicht, dass sich »die Kirche« reformiert. Wenn Herzen verändert werden, wird der ganze Leib der Kirche in einen neuen Rhythmus kommen und sich neu auf Christus, das Haupt des Leibes, ausrichten.

Braucht die Kirche eine zweite Reformation? Nein! Sie braucht Millionen von reformierten Herzen. Menschen, die Barmherzigkeit Gottes verkörpern, verleiblichen und somit Kirche zu einem »glühenden Backofen« (Luther) der Liebe Gottes machen.

Sollten sich die Trendprognosen bestätigen, werden die verfassten Denominationen immer weniger das geistliche Leben der Ortsgemeinden prägen und neue Visionen entwerfen können. Vielmehr werden es die in ihren Reihen zuweilen bekämpften, halbherzig geduldeten oder im besten Fall liebevoll geförderten Erneuerungsbewegungen sein, die ihren geistlichen Einfluss außerhalb kirchlicher Hierarchien und Instanzen entwickeln und der Kirche Jesu in ihrer Gesamtheit dienen. Anders wäre zum Beispiel der Pietismus nicht zu seiner gestaltenden Kraft innerhalb der Landeskirchen gekommen. Die Leidenschaft für Evangelisation und Gemeindewachstum wäre auf dem Marsch durch die Institutionen und Hierarchien verhungert. Engagierte und innovative Mitarbeiterinnen und Mitarbeiter haben sich an der Basis der Ortsgemeinden mit missionarischen Ideen eingemischt und eben nicht das Ende der Volkskirche herbeigeredet, sondern ihr in treuer Kleinarbeit der Fürbitte und durch ihr Zeugnis zu neuem Leben verholfen.

In zwanzig Jahren könnte sich bereits zeigen, ob diese Generation eine Randnotiz der neueren Kirchengeschichte war oder ob wir einig, reformfreudig und erweckungsreif die Segensgeschichte der Reformation fortschreiben konnten. Denn wenn wir heute das tun, was die Väter und Mütter der Reformation getan haben, dann tun wir eben nicht das, was sie damals getan haben. Wir haben das geistliche Erbe der Reformation unter neuen gesellschaftlichen Bedingungen weiterzuentwickeln, wie es zum Beispiel bei »Neues wagen«, den »Fresh Expressions«, bei den Willow-Creek-Kongressen, bei ICF oder Hillsong geschieht.

Das Aufbruchpotenzial ist reichhaltig vorhanden. Aber die verschiedenen Ströme multiplizieren sich nicht zu einem »mainstream«, einer überzeugenden Bewässerung des trockenen Bodens, sondern sie dividieren sich in viele mehr oder weniger kräftige Rinnsale individueller Frömmigkeit, die den geistlichen Wasserstand flächendeckend kaum zu heben vermögen. Die kirchliche Landschaft gleicht zunehmend einem immer größer werdenden Reservat unabhängig voneinander existierender Biotope. Es wächst und gedeiht vielfältig, die Frösche quaken zur Zeit und zur Unzeit, aber es entsteht kein Meer, auf dem man hinausrudern könnte zu den Verlorenen.

Wenn diese unterschiedlichen Ströme des Aufbruchs sich der Fortschreibung Luthers Vorrede zur deutschen Messe[10] widmen würden – nicht im Sinne einer *sola structura*, eines starren Rahmens, sondern im Geist reformierter Herzen –, dann hätte sich die Jubiläumsdekade gelohnt.

Wenn es uns jedoch nicht gelingt, diese lähmende Gefahr der Flügelkämpfe zu erkennen und zu überwinden, werden wir keinen neuen Aufbruch initiieren können, weil das geistlich so wertvolle Potenzial entschiedener und engagierter Christen zu sehr mit sich selbst beschäftigt bleibt.

Die Idee möglichst »keimfreier« Gemeinden hält sich hartnäckig unter uns, ob man sie nun bibeltreu, biblisch, urgemeindlich, unabhängig oder wie auch immer exklusiv etikettieren mag. Dahinter verbirgt sich die Vorstellung, ohne zeitgemäße Methoden und kulturrelevante Formen, ohne pragmatische Vorgehensweisen und vor allen Dingen ohne vernetzende Strukturen eine möglichst authentische Kopie der Urgemeinde reproduzieren zu können. Wobei das Experiment schon darum scheitern muss, weil es *die* Urgemeinde nicht gegeben hat. Und wer will heute schon Gemeinde nach korinthischem Vorbild bauen?

Amputiert und segmentiert überzeugen wir immer weniger. Erneuerungsbewegungen, die sich immer mehr differenzieren und in immer neuen Frömmigkeitszirkeln auf Distanz zur Welt und zur Gesamtheit des Leibes Christi gehen, werden wenig zur Revitalisierung der Reformation beitragen können. So gehen so manche hoffnungsvolle Aufbrüche den Weg von einer bereichernden Pluralität zu einem Pluralismus, der ohne erkennbare theologische Identität an der Peripherie des religiösen Marktes mitmischt.

Wir müssen ehrlich feststellen, dass viele Abspaltungen gar nicht theologisch, sondern eher biografisch begründet sind. Hinter dem Mühen um einen sogenannten »biblischen« Weg verbirgt sich nicht selten eine brisante Mixtur aus Theologiefeindlichkeit und Kulturskepsis, einer ängstlichen Weltverneinung und einer apokalyptisch motivierten Verfalls- und Verschwörungstheorie. Das muss zwangsläufig zu einer immer kleiner und reiner werdenden Herde der vermeintlich wahrhaft Gläubigen führen, die sich letztlich auf die Verfolgung vorbereitet. Auf der anderen Seite entwickeln sich ständig neue schwärmerische Erweckungsprognosen, ein Flugfeuer enthusiastischer Frömmigkeit, das kurz und heftig lodert, aber auch verbrannte Erde zurücklässt, auf der man nur mühsam wieder säen kann. Solche Entwicklungen und daraus resultierende Trennungen sind schmerzhaft für den ganzen Leib Christi und lähmen ihn in seinen vitalen Funktionen der Lehre und Evangelisation.

Während der neue Atheismus missionarisch wird und unsere Generation zunehmend offen für spirituelle Erfahrungen und die Wiederentdeckung christlicher Werte ist, leiden wir Urenkel Luthers an einer Gehbehinderung mit schwerwiegenden Folgen. Die »Füße der Freudenboten« (Jesaja 52,7) sind nicht mehr »lieblich« und die Knie sind müde geworden (Hebräer 12,12). Um beim Bild des Leibes Christi zu bleiben, leidet die Kirche der Reformation an Arthritis, das sind akute Kontaktschäden zwischen den Gliedern, und an Arthrose, einer Form altersbedingten Gelenkverschleißes. Die Kontaktschäden lähmen den Organismus der Kirche zu einer Zeit, wo er höchst beweglich sein müsste, um die große Aufgabe der missionarischen Durchdringung unseres Landes vorantreiben zu können.

Es ist jedoch nie zu spät, aus der Kirchengeschichte zu lernen und den Zwang zur Separation in eine Sehnsucht nach einer neuen Einheit der Jesus-Leute umzukehren. Toleranz im engsten Sinne des Wortes, dass wir den Standpunkt des anderen ertragen, ist kein

Schwächeanfall der Gemeinde Jesu, sondern ein Attest ihrer Vitalität. Wer fest in Gottes Wort verwurzelt ist und Farbe bekennt, wird nicht umkommen im Dialog mit Andersgläubigen. Das ist immer noch gemeinsames Fundament genug, um wieder vereint zu starten.

Und so könnte die Gemeinde Jesu in zwanzig Jahren aussehen, wenn sie engagiert und leidenschaftlich eine Kirche für Gott und die Menschen sein möchte:

Sie wird die Grenzen der Denominationen überwinden. Institutioneller Stallgeruch wird immer zweitrangiger. Wir werden uns auch von einer viel zu schnell und lieblos getroffenen Einteilung in »gläubig« und »ungläubig« verabschieden müssen. Diese Schublade taugt nicht mehr, genauso wenig wie »liberal« oder »konservativ«. Wir werden überhaupt mehr davon reden, was uns in Christus eint.

Wir werden von der Gottesfurcht und dem Bewusstsein für die Heiligkeit Gottes katholischer Glaubensgeschwister lernen, obwohl uns zentrale Fragen in Amt und Lehre immer noch trennen. Römisch-katholische Gemeinden werden mit lutherischen Gemeinde und Freikirchen gemeinsam evangelisieren, weil sie Menschen in die Nachfolge und den Dienst Jesu rufen wollen. Wir werden erleben, dass die Tauffrage nicht mehr trennend zwischen uns stehen wird. In Landeskirchen werden neben Kindern künftig auch zunehmend »Mündige« getauft werden und die Baptisten werden Mitglieder aufnehmen, die bereits als Kinder getauft wurden, und eine weitere Taufhandlung nicht mehr als zwingende Voraussetzung für Kirchenmitgliedschaft betrachten. Charismatische Gemeinden werden die alten Choräle wieder entdecken und Kirchengemeinden werden ihre Kantoren und Organisten zu Lobpreisseminaren schicken. Und weil der Staat immer weniger für die Randgruppen und Armen tun kann, werden wir gemeinsam mit allen Kirchen diakonische Konzepte entwickeln, die von der Mission Jesu durchdrungen sind und nicht am finanziellen Mangel scheitern werden.

Landeskirchen werden ihre Beziehung zu den Gemeinschaftsgemeinden ganz neu definieren, weil Misstrauen und Machtgebaren überwunden wurden. Charismatisch geprägte Pastoren werden in den Landeskirchen von der Kraft des Heiligen Geistes predigen und lutherische Pfarrer werden von Pfingstgemeinden eingeladen, über die vier Soli der Reformation zu referieren. Männer und Frauen (!) aus den Brüdergemeinden werden den verfassten Kirchen zeigen, wie man Gemeinden allein mit ehrenamtlichen Mitarbeitern zu neuem Wachstum führen kann. Wir machen uns gemeinsam auf eine Entdeckungsreise der universalen Gemeinde Jesu und beginnen, voneinander zu lernen, aber auch geschwisterlich miteinander um den rechten Weg zu streiten.

Wenn Paulus nach der Abfassung des zweiten Briefes an die Gemeinde in Korinth gefragt worden wäre, wie er sich seine Gemeinden in zwanzig Jahren vorstellen würde, dann wäre er sicher zu einem illusionslosen und nüchternen Urteil gekommen. Die Gemeinde an der sündigsten Meile des damaligen Mittelmeerraums war begeisterungsfähig, hochgradig spirituell und erwartungsvoll, charismatisch im besten Sinne des Wortes, dicht dran am Puls der Zeit und gar nicht weltfremd. Paulus begrüßt diese biblische Mustergemeinde im ersten Brief etwa so: »Wenn ich an euch in Korinth denke, dann bin ich dankbar, dass Gott über euch Gnade walten lässt und ihr durch Jesus Christus so reich beschenkt seid mit Lehre und Erkenntnis. Ihr seid eine stabile und solide Gemeinde geworden und mit allen Charismen ausgestattet, die für den Aufbau der Gemeinde nötig sind. Ihr lebt in der festen Erwartung des wiederkommenden Herrn und werdet zuletzt unverklagbar vor eurem Herrn stehen. Gott ist treu, der euch zur Gemeinschaft mit Jesus Christus berufen hat!«

Jürgen Mette

## GRAZIE UND CHUZPE

Immer wieder habe ich diese Zeile im Ohr: »Grace finds beauty in everything.« Die Gnade findet überall Schönheit. Selbst in der Theologie. Sogar beim Schreiben. So habe ich es beim Arbeiten an unseren Texten erlebt: Es gibt schöne Schätze zu entdecken. In der Kirchengeschichte, der Lehre, bei Luther: Die Bibel ist ein sperriges Buch mit dunklen Texten, benutzt und abgenutzt, aber sie ist auch wundervoll, so charmant und voller Hoffnung. Gnade ist ein altes Wort, aber ihre Kraft strahlt in unsere gnadenlose Leistungsgesellschaft wie die reinste Sonne. Glaube kann so dogmatisch sein, rechthaberisch und einengend, aber er wirkt auch innere Stärke, schützt vor Selbstüberschätzung und wirbt um unser Herz, mehr zu vertrauen, als wir selber sind. Und Christus – so oft beschrieben, besungen, verspottet, missverstanden, gekreuzigt, für eigene Interessen eingespannt –, Christus ist der Auferweckte. Bleibt der Meister für mich. Der Wunderbare, Lebendige, Unabhängige. Gnade ist es, in alten, tausend Mal gehörten Sätzen Schönheit zu entdecken.

Fünfhundert Jahre – das ist wirklich eine lange Zeitspanne. Ich habe versucht, zu über-setzen, mich hineinzuversetzen, hinüberzudenken in Martin Luthers Zeit. Er selber bleibt mir fremd. Vor allem seine Angst. Dankbar bin ich einmal mehr für seine Übersetzungsleistung. Dass er die Bibel in meine Muttersprache übertrug. Seine Sprache hat unser Deutsch geprägt, hat mich geprägt. Ich liebe das Demokratische an dieser Arbeit: Alle haben gleichermaßen Zugang zu den heiligen Texten. Großartig! Ich wünsche der Redefreiheit des Glaubens einen starken Rückenwind.

»Ecclesia semper reformanda est« – die Kirche ist immer eine, die verändert werden muss. Sie ist reformierungsbedürftig, wie ich selber auch. Ich muss lernen, umdenken, neu einschätzen. Ich muss (was noch schwerer ist) verlernen, abgewöhnen, verabschieden. In meinem Leben hat mich am meisten verändert, was ich nicht verändern konnte. Meine Erneuerungs-Fähigkeit ist auch daher begrenzt. Ich brauche eine Kraft, die mich wandelt. Beim Schreiben habe ich immer wieder mal eine Spur von ihr erahnt. Der Protestantismus erinnert eben nicht nur daran, dass Reformation nötig ist, sondern zeigt auch: Sie ist möglich!

Protestantismus will Beteiligung. Er fördert das allgemeine PriesterInnentum aller Gläubigen. PriesterInnentum mit großem »I«. Er lädt ein mitzumischen. Nicht tatenlos zuzusehen und die Entscheidungen »denen da oben« zu überlassen. Er überlässt die Macht nicht den Mächtigen. Er will, dass Gläubige allen Gewählten gegenüber mündig sind. Er wirbt um die Einzelnen, sich nicht auf die Position des Beobachters, der Beobachterin zurückzuziehen. Eigene Erfahrungen einzubringen, die eigene Profession, Ideen und Ansichten. Er schätzt den Individualismus in der Gemeinschaft. Er traut der Verantwortungs-Ethik viel zu.

Ich wünsche mir, dass unsere Texte diskutiert werden und ergänzt – von vielen, die sie lesen. Der Protestantismus ermutigt zum Selberglauben. Er traut uns Gott zu. Ja, ich bin beim Schreiben neu misstrauisch geworden gegenüber allem, das behauptet, »allein selig machend« zu sein. Eine Reformation des Herzens bedeutet für mich Freiheit.

Ich bin ein spiritueller Mensch, Christin, evangelisch, reformiert. Ich fühle mich nicht gebunden von meiner Glaubenstradition, aber ich weiß mich ihr verbunden. Ich bin eine reformierte Theologin. Mag ich mich in meiner Kirche auch manchmal fremd fühlen, der Protestantismus ist mein Zuhause. Ich schätze Mündigkeit, Beteiligung. Und Gnade mehr als alles. Alle Menschen sind auf Gnade angelegt, sind ansprechbar auf Liebe, die sich erbarmt, mitleidet und sympathisiert mit den Letzten und Armgehaltenen. Diese Idee ist für mich unverzichtbar.

Luthers Unerschrockenheit, ja. Die wünsche ich Jürgen Mette, unseren Leserinnen und Lesern und mir selbst. Ich wähle dafür gerne das Wort »Chuzpe«! Eine freche, freie Unverschämtheit. Evangelische Kühnheit mit Ausdauer und Schliff, um die bete ich. Charmante Beherztheit. Ich sitze hier und kann auch manchmal ganz anders – aber ich wünsche, brauche und will die Chuzpe.

Christina Brudereck

# ANHANG: KLEINGRUPPEN-MATERIAL

## VON CHRISTINA BRUDERECK

## WILLKOMMEN!

Willkommen beim Kleingruppenmaterial zu »Reformation des Herzens«. Wir laden Sie ein, sich nicht alleine auf die Reise zu machen, sondern gemeinsam mit anderen vier Wochen lang und an fünf Treffen zu entdecken, wie der Schatz der Reformation genau aussieht und was er uns heute für unser Leben, unseren Alltag und unseren Glauben zu sagen hat.

Die Basis dafür ist die gleichnamige DVD (Bestell-Nr. 210.320), auf der neben einer kurzen allgemeinen Einführung zu jeder der vier Entdeckungen (Gnade, Bibel, Christus, Glaube) jeweils ein prominenter Christ sowie ein Theologe seine Gedanken weitergibt. Die Erkenntnisse von Patricia Kelly, Prof. Dr. Thorsten Dietz, Andrea Schneider, Prof. Dr. Hans-Joachim Eckstein, Cacau, Weihbischof Thomas Maria Renz, Martin Schleske und Prof. Dr. Matthias Clausen schenken wertvolle Gesprächsimpulse und helfen dabei, die einzelnen Themen zu entdecken und (weiter) zu vertiefen. Die Lektüre des Buches ist dafür nicht zwingend notwendig, die Einheiten funktionieren auch unabhängig davon. Wer allerdings parallel zu den Treffen auch die zugehörigen Kapitel im Buch liest, wird einen viel breiteren und tieferen Zugang bekommen; die Reformationsreise wird so zu einem deutlich intensiveren Erlebnis werden.

Wie Sie mit diesem Material arbeiten können:

Der folgende Ablauf für insgesamt fünf Einheiten mit Fragen, Übungen und Impulsen ist als Vorschlag und Baukastensystem zu verstehen. Er soll Ihnen Anregungen geben, wie ein Kleingruppentreffen gestaltet werden kann. Suchen Sie sich die für Ihre Gruppe passenden Elemente aus, und fühlen Sie sich frei, auszutauschen, zu ergänzen, wegzulassen usw.

Zentraler Bestandteil jedes Treffens sollten die zwei Kurzfilme zum jeweiligen Thema sein, die Sie unter dem Menüpunkt »Material für Kleingruppen« auf der DVD finden. Daran schließt sich jeweils eine Gesprächsrunde an. Lassen Sie die geäußerten Gedanken auf sich wirken und diskutieren Sie sie. Scheuen Sie sich nicht, den Experten ggf. auch zu widersprechen und anderer Meinung zu sein. Gerade diese Mündigkeit macht das Thema Reformation ja aus. Vorab kann der einführende Text (laut) gelesen werden, damit alle Teilnehmer ungefähr auf dem gleichen Stand sind und wissen, was sie in dieser Woche erwartet.

Wenn das Buch parallel von den Teilnehmern gelesen wird, sollten sie in der Woche zwischen dem ersten und dem zweiten Treffen die Kapitel 1-7 (Woche 1) lesen, in der Woche zwischen dem zweiten und dem dritten Treffen die Kapitel 8-14 (Woche 2) usw., sodass sie die Lektüre beendet haben, wenn das fünfte Abschlusstreffen ansteht. Aber auch andere Modelle sind denkbar (siehe Alternative Einheit 1).

# – EINHEIT 1 –
# DIE ENTDECKUNG
# DER GNADE

## EINSTIMMUNG

Willkommen.
Wer auch immer du bist,
was auch immer du glaubst,
wo auch immer du dich befindest auf deiner Lebensreise,
du bist willkommen.

## AUSTAUSCH

*Wenn ihr möchtet, könnt ihr euch zuvor das Kapitel »Einführung« auf der
DVD anschauen.*

1. »Reformation« – was bedeutet das für euch? Ist das Wort positiv oder negativ besetzt? Warum?

2. Martin Luther – wofür steht er? Was ist eurer Meinung nach seine größte Leistung?

3. Gnade, Schrift, Christus, Glaube – die vier großen Themen von Martin Luther und der Reformation. Welches spricht euch zuerst an? Warum?

4. »Reformation des Herzens«: Was könnte das heißen? Sammelt ein paar Assoziationen.

## EINE FRAGE FÜR JEDE UND JEDEN PERSÖNLICH

*Nehmt euch ein paar Minuten Zeit – jede und jeder für sich.*

Hast du schon einmal eine persönliche Reformation erlebt? Eine Wandlung im Innersten? Wie war das?

In welchem Bereich deines Lebens würdest du gerne (noch einmal) eine Reformation erleben?

## GEBET

Guter Gott.
Danke, dass wir Zeit haben für heilige Fragen,
Zeit für dich und Zeit für uns,
Zeit, um auf unser Herz zu hören.
Reformation, Wandel, Erneuerung –
wünschen wir uns für uns selbst
und bitten dich um deinen Segen
und um Achtsamkeit für unsere Gedanken und Gespräche.
Amen.

## DIE ENTDECKUNG DER GNADE

Am 31. Oktober 2017 feiert die evangelische Kirche einen besonderen Geburtstag. Vor 500 Jahren, so die Überlieferung, veröffentlichte der Mönch Martin Luther 95 steile Thesen zu Kirche und Glauben, indem er sie an die Tür der Schlosskirche in Wittenberg schlug. Damit löste er die »Reformation« aus, eine Bewegung, die großen Einfluss auf die Kirche und darüber hinaus auf Deutschland, Europa und die Welt hatte. Sie stieß große kirchliche, kulturelle und gesellschaftspolitische Veränderungen an. Dieses 500-jährige Jubiläum ist der Anlass für dieses Buch. Vor 500 Jahren wurde und seit 500 Jahren wird die Kirche reformiert. Sie ist kein starres Gebilde, sondern lebendig und verändert sich ständig weiter. Immer wieder, weil Einzelne vertrauen, sich engagieren, ihren Glauben neu entdecken, mit Gott ihren Alltag bewältigen, mit ihren Idealen die Welt beschenken.

Vier große Leitworte der Reformation haben das Buch und dieses Kleingruppenmaterial inspiriert: zuerst die *Gnade*, die leuchtende Idee überhaupt, Gegenbewegung zu Leistung und Bezahlung mit eigener Kraft und eigenen Mitteln. Dazu kommt die *Schrift*. Und die Fähigkeit, die Bibel selber zu lesen, ins Leben zu übersetzen und dann weiterzuerzählen – manchmal auch mit Worten. Außerdem: *Christus*. Ihn anzuerkennen, als Herrn des Glaubens, des Lebens, der Kirche, der Welt. Und schließlich: der *Glaube*, das Vertrauen in Gott. Herzliche Einladung, diesen vier großen Ideen vier Wochen zu widmen. Das ist ein Experiment! Eine Art Reise nach innen. In das eigene Herz und das Herz des Glaubens.

Wir (die Autorin und der Autor) glauben, dass die Entdeckungen von Martin Luther und der Reformationsbewegung uns nach 500 Jahren ebenso irritieren und inspirieren können wie die Menschen damals. Wir vertrauen außerdem darauf, dass es lohnt, sich Zeit zu nehmen für die Schätze des Glaubens; beim Schreiben haben wir selbst erlebt, wie bereichernd das ist. Wir hoffen daher, dass ihr in diesen vier Wochen Ideen aufspürt, die euch beflügeln.

Die Gnade eröffnet – auch diese Reise. Gnade meint Geschenk. Gott beschenkt uns. Großzügig, aus purer Liebe. Gnade heißt uns willkommen. Sie ist die Tür nach Hause. Sie öffnet sich von innen, ohne unser Zutun. Sie widerspricht dem Leistungsdruck und dem Erfolgszwang. In gnadenloser Zeit geht sie mit uns über Grenzen und schenkt Bleiberecht.

Wir, die Autorin Christina Brudereck und der Autor Jürgen Mette, schätzen die Bibel und die Theologie und teilen im Buch »Reformation des Herzens«, was die reformatorischen Entdeckungen für unseren persönlichen Glauben bedeuten. Wir reden dabei auch über unsere Fragen und Irritationen, über eigene Schätze und Lieblingsgeschichten und zeigen unser Herz. Jürgen Mette ist Theologe. Jugendpastor, Gemeindeberater, Evangelist. Lehrbeauftragter an der Evangelischen Hochschule Tabor und Vorstandsvorsitzender der Stiftung Marburger Medien. Er ist ein Denker, Musiker und Manager. Ehemann, Vater und Großvater. Er lebt in Marburg. Christina Brudereck ist Theologin und Schriftstellerin. Lyrikerin, Slammerin, Evangelistin. Ehefrau, Schwester, Tante. Sie lebt in der evangelischen Kommunität Kirubai in Essen. Wir wünschen euch anregende Gespräche und heilige Entdeckungen.

Eine Variante: Wenn ihr nicht direkt mit dem ersten Thementeil, Gnade, beginnen möchtet, könnt ihr auch das komplette erste Treffen als Einstieg ins Thema allgemein gestalten. Das ist möglicherweise besonders ratsam, wenn sich die Gruppe neu zusammengesetzt hat und sich noch nicht kennt. Nehmt euch dann genug Zeit fürs Ankommen und den allgemeinen Austausch, auch in Bezug auf die Erwartungen der einzelnen Teilnehmer. Ihr könnt euch an den unten stehenden Fragen orientieren und das Kapitel »Einführung« als Einstieg nutzen. Mit dem Thema »Gnade« fangt ihr in Woche 2 an, eure gemeinsame Reise dauert dann allerdings fünf Wochen (sechs Treffen).

## AUSTAUSCH ZUM KENNENLERNEN

1. Wo kommt ihr in Berührung mit den Themen dieser Aktion (Gnade, Bibel, Gott und Christus, Glaube)?

2. Was erwartet ihr von dieser Reise? Was dürfte passieren? Was ist eure größte Hoffnung?

3. Was könnte die Kleingruppe tun, damit das Experiment »Reformation des Herzens« gelingt?

## PATRICIA KELLY

*Seht euch das Kapitel zu Patricia Kelly auf der DVD an.*

## AUSTAUSCH

1. Gnade! Ein großes, altes Wort. Was wären Synonyme für Gnade, Worte, die etwas Ähnliches meinen?

2. Was ist Gnade für euch? Wo habt ihr sie schon erlebt?

Und Gnadenlosigkeit – was bedeutet das für euch? Wo habt ihr sie erlebt?

3. In welchen Bereich gehört für euch die Gnade?

In Gerichtsverhandlungen. Familie und Beziehungen. In die Kirche. In Beruf, Arbeit, Engagement.

In den Bereich der Selbstannahme.

4. Patricia Kelly erzählt von Bedürftigkeit, Schwäche und Am-Boden-Liegen und sagt: »Ich habe in meinem Leben mehrmals erlebt, was Gnade ist.« Könnt ihr in diese Erfahrung einstimmen?

5. Patricia Kelly meint: »Gnade ist ein Geheimnis. Amazing. Sie ist Überfluss von Gott.«

Und sie vergleicht die Gnade mit einer leichten Brise. Damit sie durch dein Lebenshaus weht, musst du bereit sein, die Tür zu öffnen, um sie aufzunehmen. Sie sagt aber auch, dass die Gnade manchmal auch von sich aus öffnet!

Was meint ihr zu diesem Bild vom Wind, der um euer Haus weht?

Habt ihr die Tür schon mal geöffnet? Oder habt ihr erlebt, dass die Gnade von sich aus zu euch kam?

## EINE FRAGE FÜR JEDE UND JEDEN PERSÖNLICH

*Nehmt euch ein paar Minuten Zeit – jede und jeder für sich.*

Wo ist dir die Gnade in deinem Leben begegnet?

Hast du erlebt, dass sie um dein Herz weht?

Denk an eine Situation, in der du sie dringend gebraucht, aber vermisst oder verpasst hast. Oder an eine Situation, in der du Gnade erlebt hast – weil sie dir gewährt wurde oder weil du sie einem anderen ermöglicht hast. Wie war das?

## BIBELTEXT

Den Römerbrief aus dem Neuen Testament zu lesen, war für Martin Luther sehr bedeutend. Hier zwei Verse, die wegweisend für ihn waren.

*Wo aber die Sünde mächtig geworden ist, da ist doch die Gnade noch viel mächtiger geworden (Römer 5,20).*

*Ist's aber aus Gnade, so ist's nicht aus Verdienst der Werke; sonst wäre Gnade nicht Gnade (Römer 11,6).*

## ÜBUNG

Schreibt einen eigenen kurzen »Vers« über die Gnade, eine Zeile, ein eigenes Statement.

Vollendet dabei diesen Satz: »Aber die Gnade bewirkt, dass ...«

## PROF. DR. THORSTEN DIETZ

*Seht euch das Kapitel zu Thorsten Dietz auf der DVD an.*

## AUSTAUSCH

1. Gnade! Was würde anders, wenn es sie nicht geben würde? Wenn sie über Nacht für immer und für alle verschwände?

2. Jürgen Mette sagt, dass »die wirklich nachhaltigen, großen Umbrüche und Phasen immer eingeleitet wurden von Menschen, die etwas von der Gnade verstanden haben.«

Auch in persönlichen Beziehungen kann gelebte Gnade eine große Wirkung haben. Wo habt ihr vielleicht schon erlebt, dass die Gnade eine Beziehung beglückt?

3. Christina Brudereck schwärmt geradezu von der Gnade, diesem großen Ja und Willkommen, wie sie es ausdrückt – du bist geliebt, einfach weil du da bist. Im Buch meint sie zudem: »Hier steckt für mich das wichtigste Protest-Potenzial des Protestantismus. Er widerspricht der Gnadenlosigkeit. Geiz ist nicht geil, Gnade ist großartig.«

Könnt ihr diese Begeisterung nachempfinden?

4. Thorsten Dietz erzählt, dass er sich nicht gut beschenken lassen kann. Kennt ihr diese Erfahrung? Wie könnte sich das auf unser Erleben der Gnade Gottes auswirken?

5. Thorsten Dietz meint sinngemäß: Gnade bedeutet, dass wir *vor* aller Leistung angenommen sind. Gottes Gnade ist bedingungslos, ein Ja, das wir uns nicht verdienen können. Wir erleben Anerkennung. Und aus dieser Erfahrung können wir dann etwas leisten.

Findet ihr euch in dieser Reihenfolge wieder? Warum oder warum nicht?

6. Thorsten Dietz beschreibt, dass wir die Konsequenzen unseres Tuns zu tragen haben. Dass wir »ausbaden«, was wir verursachen.

Kennt ihr das?

Und was meint ihr: Braucht der Mensch die Drohung, um in seinen Grenzen zu bleiben?

## ÜBUNG FÜR DEN ALLTAG

»Gnade ist die offene Tür«, heißt es in diesem Buch mehrmals.

Ein Experiment: Jedes Mal, wenn dir eine Tür geöffnet wird, denk an die Gnade. Wie ein frischer Wind kommt sie mit ins Haus. Halte kurz inne, lass dich von der Tür unterbrechen, bleib vielleicht auf der Schwelle stehen. Und freue dich über die Erfahrung von Erlaubnis, Zugänglichkeit und Offenheit.

Oder auch: Öffne selber bewusster die Tür. Heiße andere ausdrücklich willkommen.

## VERABREDUNG

*Wer mag, kann eine gemeinsame Verabredung mitsprechen:*

>    »Wir machen uns bewusst,
>    dass wir beschenkt sind
>    und die Gnade unser Leben möglich macht.
>    Wir machen uns bewusst,
>    dass Gnade uns hilft, uns zu verändern,
>    und Gütekraft uns hilft, zu lieben.
>    Wir machen uns bewusst,
>    dass wir niemals, zu keiner Zeit, ohne Gott sind.«

## SEGEN

Gott, der Ewige, segne dich, dass du immer wieder erlebst:
Du musst nicht funktionieren. Du darfst leben.
Du bist geliebt, einfach weil du da bist.
Jesus Christus segne dich.
Die Gnade sei dir eine kluge Begleiterin.
Du musst dein Leben nicht alleine meistern.
Der Geist des Lebens segne dich.
Und gehe mit dir wie ein Lied, wie Licht,
wie ein gutes Wort, das dich unterbricht,
als eine offene Tür im Alltag.
Amen.

# – EINHEIT 2 –
# DIE ENTDECKUNG
# DER SCHRIFT

## EINSTIMMUNG

Willkommen.
Wer auch immer du bist,
was auch immer du glaubst,
wo auch immer du dich befindest auf deiner Lebensreise,
du bist willkommen.

## AUSTAUSCH

1. Wie ist es euch mit der Gnade in der letzten Woche ergangen? Habt ihr sie entdeckt? Hat sie euch überrascht?

Ist die Gnade in euer Haus geweht? War sie auffindbar? Oder habt ihr sie vermisst?

2. Das Experiment mit der Tür: Hat sich eine Tür für euch geöffnet?

Habt ihr selber eine Tür geöffnet, einen Zugang ermöglicht und damit eine andere Person erfreut?

3. Habt ihr erlebt, »willkommen« zu sein? Für euch? Habt ihr andere willkommen geheißen?

## GEBET

Guter Gott.

Danke, dass wir wieder Zeit haben für heilige Fragen,

Zeit für dich und Zeit für uns,

Zeit, um auf unser Herz zu hören.

Danke für die Entdeckung der Gnade.

Danke für ihre Kraft.

Reformation, Wandel, Erneuerung –

wünschen wir uns für uns selbst

und wir bitten dich um deinen Segen

und um Achtsamkeit für unsere Gedanken und Gespräche.

Amen.


## DIE ENTDECKUNG DER SCHRIFT

Die Schrift. Die Bibel. Altes und Neues Testament. Das Wort Gottes. Bücher, Kapitel, Verse, einzelne Worte. Martin Luther übersetzte die Bibel ins Deutsche. In seine Muttersprache. Damit sie verständlich und für alle lesbar würde. Denn wer konnte schon Latein?! Luther schaute dem Volk aufs Maul. Seine Lieder waren populär! Er machte die Bibel zugänglich. Es ist vielleicht sein größtes Verdienst. Damit betonte er gleichzeitig, wie wichtig es ist, selber zu lesen, selber zu denken und selber zu glauben. So sagte er auch, wie wichtig Bildung ist und dass sie allen offenstehen sollte. Er ebnete den Weg für die Moderne, für Mündigkeit, Demokratie, Beteiligung, freie Meinungsäußerung, eigene Persönlichkeit. Er verband den Glauben mit persönlicher Freiheit und eigener Verantwortung.

Die Schrift war für Luther eine echte Autorität. Keine autoritäre Macht, die diktiert. Sondern eine Autorität der Freiheit. In ihren Worten fand Luther die Argumente und Ideen, mit denen er den traditionellen Autoritäten gegenübertreten konnte: dem Papst und dem

Kaiser. Und auch dem Volk, den Meinungen, Bräuchen und Moden seiner Zeit. Er zeigte damit, dass das Gewissen, das Urteilsvermögen und die Glaubensüberzeugungen der einzelnen Person zählen.

Wieder erwartet uns ein Experiment, eine weitere Etappe auf der Reise: Herzliche Einladung, die Bibel zu entdecken. Die Kraft ihrer Worte. Sie selber zu lesen und sie in den Alltag zu übersetzen. Herzliche Einladung, die Reformation des Herzens von den starken Worten der Bibel inspirieren zu lassen. Wir verstehen uns als Teil einer großen Erzählgemeinschaft. Was uns verbindet, sind Worte.

Wir (die Autorin und der Autor) glauben nicht »an« die Bibel. Wir glauben an Gott. An einen Gott, der nicht stumm ist, sondern mit uns in Beziehung tritt und uns erreicht – eben unter anderem durch sein Wort, die Bibel. Wir haben beide erlebt, dass Bibelworte wegweisend sind. Dass sie sich in unserem Leben bewahrheiten. Dass sie uns leiten und unsere Ideale wie unsere Hoffnung füttern. Wir lieben den Schatz ihrer Geschichten und Weisheiten. Willkommen, mit der Bibel zu leben!

## ANDREA SCHNEIDER
*Seht euch das Kapitel zu Andrea Schneider auf der DVD an.*

## AUSTAUSCH
1. Die Bibel – was, wenn es dieses Buch nicht geben würde?

Was würde fehlen? Was wäre anders? Was wäre dadurch schwerer? Was wäre vielleicht leichter?

Was würdet ihr persönlich vermissen?

2. Gibt es ein Wort der Bibel, einen Vers, der euch wichtig ist? Der euch schon lange begleitet?

(Z. B. Taufvers, Hochzeitsvers, Konfirmationsspruch.) Erzählt einander davon.

3. Welche Erfahrung habt ihr mit dem Bibellesen gemacht?

Warum lest ihr sie oder warum lest ihr sie nicht? Wann gelingt das Lesen besser? Wann erlebt ihr es als Bereicherung, sie zu lesen?

Hat jemand von euch einen »Trick«, eine Methode, die euch hilft?

4. Andrea Schneider nimmt die Bibel nicht wörtlich und sagt gleichzeitig: »Aber ich nehme sie beim Wort.«

Was meint ihr dazu?

5. Seit sie chronisch erkrankt ist, liest Andrea Schneider die Bibel anders. Manche Verse sind fragwürdig für sie. Aber es bleibt die Gewissheit: Nichts kann uns trennen von der Liebe Gottes (siehe Römer 8,39).

Kennt ihr das auch? Dass einzelne Worte unbegreiflich sind, andere dagegen unentbehrlich? Wie geht ihr damit um?


## EINE FRAGE FÜR JEDE UND JEDEN PERSÖNLICH

*Nehmt euch ein paar Minuten Zeit – jede und jeder für sich.*

Du bist kein unbeschriebenes Blatt. Die Bibel ist voller Worte.

Wie sieht das Gespräch zwischen dir und der Bibel aus?

Was für ein Gespräch wünschst du dir?

## BIBELTEXT

Im Buch des Propheten Jeremia (Kapitel 15, Vers 16) wird das Wort Gottes verglichen mit gutem Essen:

*Dein Wort ward meine Speise, sooft ich's empfing,*

*und dein Wort ist meines Herzens Freude und Trost* (LUT).

*Immer wenn du mit mir sprachst, nahm ich deine Worte mit großem Verlangen auf.*

*Ja, dein Wort ist meine Freude und mein Glück* (HFA).

*Wenn du zu mir sprachst, habe ich jedes Wort verschlungen.*

*Deine Worte haben mein Herz mit Glück und Freude erfüllt* (GNB).

Was steckt wohl hinter dieser Erfahrung?

Was hat eine Person erlebt, die Appetit auf die Bibel hat? Die so begierig ist auf das Wort Gottes?

Habt ihr schon erlebt, dass ein Wort (irgendein Wort!) Glück für euch bedeutet?


## ÜBUNG

Die Bibel ist eine Autorität, die den Dialog riskiert, das Gespräch sucht und Gegenseitigkeit möchte.

Schreibe ein paar Zeilen an die Bibel:

»Liebe Bibel, ich wünschte, wir beide ... Ich erinnere mich ... Ich bitte dich ... Ich danke dir für ...«


## WEIHBISCHOF THOMAS MARIA RENZ

*Seht euch das Kapitel zu Thomas Maria Renz auf der DVD an.*

## AUSTAUSCH

1. Die Bibel – wo seht ihr ihre Stärken? Was sind ihre Chancen? Hat sie auch Grenzen?

2. Bereits zu Luthers Zeiten gab es immer wieder Streit darüber, wie bestimmte Bibelstellen zu verstehen seien. Luther empfahl in solchen Fällen, die jeweilige Stelle immer vom Gesamtzeugnis der Bibel her zu betrachten und entsprechend auszulegen.

Wie steht ihr zu diesem Prinzip? Und welche Beispiele fallen euch vielleicht dazu ein?

3. Christina Brudereck schreibt, die Bibel sei »eine große Trösterin, Lehrerin, Kritikerin, originelle Geschichtenerzählerin«. Wie versteht ihr diese Begriffe? Und was ist die Bibel für euch (noch)?

4. Thomas Maria Renz wählt statt des reformatorischen Satzes »Allein die Schrift« lieber die Formulierung »Sowohl die Schrift als auch die Tradition« und beschreibt damit das Schriftverständnis der katholischen Kirche. Wie könntet ihr diese Haltung wertschätzen? Könnt ihr das nachvollziehen?

5. Thomas Maria Renz meint im Zusammenhang mit dem Thema Ökumene: Christus ist die Mitte der Bibel. Hier treffen sich alle Unterschiede.

Wie könnte das aussehen, dass wir die Bibel von dieser Mitte her lesen? Dass Christus uns hilft, die Bibel zu verstehen?

6. Wo habt ihr katholische (und andere) Glaubensäußerungen, Traditionen, Symbole, Rituale als Bereicherung für euren Glauben erlebt?

## ÜBUNG FÜR DEN ALLTAG

Kauf dir eine Bibel. Vielleicht mal eine andere Übersetzung. Oder lass dir eine schenken. Oder verschenk selber eine!

Es gibt verschiedene Aufmachungen. Wähl eine aus, die dich anspricht.

Dann: Blättere sie durch, mach dich mit dem Inhaltsverzeichnis vertraut.

Lies in der kommenden Woche täglich einen Psalm.

Wähl einzelne Verse aus, um mit ihnen zu beten.

Lies zusätzlich im Neuen Testament, zum Beispiel jeden Tag einen Abschnitt im Lukasevangelium.

## VERABREDUNG

*Wer mag, kann eine gemeinsame Verabredung mitsprechen:*

»Wir machen uns bewusst,
dass Worte Macht haben.
Wir machen uns bewusst,
dass Gottes Worte sich in unsere Worte einmischen.
Dass Gott immer Wort hält.
Dass Gottes Zusagen gültig sind.
Wir machen uns bewusst,
dass wir niemals, zu keiner Zeit, ohne Gott sind.«

## SEGEN

Gott beschenke und segne uns:
mit Worten für unser Herz.
Mit den Geschichten der Alten.
Mit der Hoffnung der prophetischen Bücher.
Mit dem Vertrauen der Psalmgebete.
Mit dem Geist der Jesusgeschichten.
Mit Mut, die Bibel mit unserem Leben weiterzuschreiben. Amen.

# – EINHEIT 3 –
# DIE ENTDECKUNG
# DES CHRISTUS

## EINSTIMMUNG

Willkommen.

Wer auch immer du bist,

was auch immer du glaubst,

wo auch immer du dich befindest auf deiner Lebensreise,

du bist willkommen.

## AUSTAUSCH

1. Wie ist es euch in der letzten Woche mit der Bibel ergangen? Habt ihr in ihr gelesen?

War es leicht, mühsam, überraschend? Irgendwie anders als erwartet?

Was war blöd? Enttäuschend? Was war schön?

2. Die Bibel, in der ihr normalerweise lest – wie würdet ihr die Beziehung zu ihr beschreiben?

3. Habt ihr ein Wort gefunden, das euch angesprochen hat? Oder habt ihr einen Vers wiederentdeckt?

## GEBET

Guter Gott.

Danke, dass wir wieder Zeit haben für heilige Fragen,

Zeit für dich und Zeit für uns,

Zeit, um auf unser Herz zu hören.

Danke für die Entdeckung der Gnade.

Danke für die Worte der Bibel.

Reformation, Wandel, Erneuerung –

wünschen wir uns für uns selbst

und bitten dich um deinen Segen

und um Achtsamkeit für unsere Gedanken und Gespräche.

Amen.

## DIE ENTDECKUNG DES CHRISTUS

Der Christus. Jesus von Nazareth. Mensch. Heiliger. Jude. Rabbi. Großer Geschichtenerzähler. Namensgeber des Christentums. Der Gekreuzigte. Der Auferweckte. Frech. Göttliche Ikone. Gottes Kind. Baby von Bethlehem. Wanderprediger. Bergprediger. Einzig, nicht artig. Lamm Gottes. Licht der Welt. Befreier. Herausfordernd. Durstig. Gerechter. Zimmermann. Junge. Kind seiner Tradition. Verschwitzt. Revolutionär. Gesalbter. Emotional. Schüler. Beter. Hungrig. Auffällig. Großzügig. Wunderheiler. Tür. Anführer. Gemeinschaftsmensch. Sohn Davids. Marias Sohn. Solidarisch. Gewissen. Gnädig. Großer Bruder. Schriftgelehrt. Bester Freund. Mahner. Steuerzahler. Lehrer. Diskussionsfreudig. Müde. Wohltäter. Der das Brot teilt. Der Fisch grillt. Verbündeter. Unbewaffnet. Liebender. Arbeitslos. Wichtige Stimme. Politisch. Viel beschäftigt. Sichtbar. Gutmensch. Überwinder. Erstgeborener. Gott mit uns. König. Angeklagt. Verspottet. Guter Hirte. Frauenfreund. Herr. Retter. Vorbild. Friedefürst. Sympathischer Begleiter …

Willkommen auf der dritten Etappe unserer Reformationsreise. Die Gnade, die Schrift und der Glaube zielen alle drei auf Christus. Er zeigt uns die göttliche Gnade, mit seinem Leben, seinem Sterben und seiner Auferweckung. Mit ihm lesen wir die Schrift, er interpretiert sie für uns, er ist das eine Wort Gottes. Er ist es, der uns hinzuerwählt in den ersten Bund und mit ihm lesen wir das Erste Testament. Er bewirkt den Glauben und kümmert sich um unser Gottvertrauen.

Herzliche Einladung, Christus zu entdecken! Es gibt viele Vorstellungen von ihm. Die vier Evangelien erzählen seine Lebensgeschichte. Es gibt Filme und Lieder über ihn. Legenden. Und persönliche Erfahrungen. Es gibt Bilder, Vergleiche, bestimmte Eigenschaften werden mit ihm verbunden. Willkommen, das eigene Bild von Christus und seine Bedeutung neu zu entdecken.

Wir (die Autorin und der Autor) nennen uns Christin und Christ. Mit ihrem Vornamen hat Christina einen Namen, der auf Christus hinweist; er bedeutet »die zum Gesalbten gehört«. Ein Name, der mit Christus identifiziert. Mit einer Weltreligion, ganz allgemein. Mit ihrer Erzählgemeinschaft, sehr konkret. Mit einer Beziehung, ganz persönlich. Viele Menschen haben in Jesus Christus in einzigartiger Weise Gott entdeckt. Für uns ist Jesus, der Christus, Zuhause und Weg. Raum, in dem wir uns bergen, und Raum für Weite und Entwicklung. Behagliche Freiheit. Niemand tröstet uns so wie Jesus und niemand fordert uns immer wieder so sehr heraus. Daher ist diese Woche besonders spannend für uns.

Welchen Titel wir auch immer für uns wählen, welches Bild uns am meisten anspricht, welche Eigenschaften wir mit ihm verbinden und welche Attribute wir als unaufgebbar empfinden, Christus, der sympathische Begleiter, soll an unserer Seite sein. »Sym-pathisch«, weil er mit-leiden kann. »Begleiter«, weil er unsere Wege mitgeht.

## CACAU

*Seht euch das Kapitel zu Cacau auf der DVD an.*


## AUSTAUSCH

1. »Christ« oder »Christin« heißen Menschen wegen Christus. Nennt ihr selbst euch so?

Oder nennt ihr euch »suchend«, »Zweiflerin«, »religiös«, »evangelisch«, »kirchlich«, »freikirchlich«, »bibeltreu«, »gläubig«, »interessiert«? Oder noch anders?

2. Sich Christin/Christ zu nennen, ist ein Bekenntnis. Welche Erfahrungen macht ihr damit?

Bedeutet es Verortung, Heimat, Zugehörigkeit? Ist es erklärungsbedürftig? Erfüllt es euch mit Stolz?

Mit Freude? Oder ist es unangenehm? Wann? Nicht zeitgemäß? Hilfreich?

Hört ihr es ausgrenzend, öffnend, einladend? Macht es andere neugierig?

3. Der Fußballspieler Cacau meint: »Gott ist so weit weg. Christus zeigt mir, dass Gott nah ist.«

Und: »Jesus ist mein Freund. Im Alltag bei mir.«

Kennt ihr das? Diese menschliche Nähe von Jesus?

4. Cacau erzählt, dass er durch Jesus Unterstützung erlebt. In seinem Beruf, in seiner Familie, um Ziele zu erreichen, bei Toren und Niederlagen, wenn er einsam ist oder eine rote Karte bekommt.

Erfolg und Scheitern – ist Jesus in beidem nah? Oder da oder dort näher, eher erfahrbar?

5. »Jesus ist das Schönste!«, sagt Cacau. Von Jesus weiterzuerzählen, scheint für ihn auch schön zu sein.

Wie ist es für euch?

## BIBELTEXT

Im Lukasevangelium (Kapitel 9, Verse 18-20) wird eine Szene beschrieben, in der Jesus seine Vertrauten fragt, für wen andere ihn halten und was sie selbst über ihn denken.

*Und es begab sich, als Jesus allein war und betete und nur seine Jünger bei ihm waren, da fragte er sie und sprach: Wer, sagen die Leute, dass ich sei? Sie antworteten und sprachen: Sie sagen, du seist Johannes der Täufer; einige aber, du seist Elia; andere aber, es sei einer der alten Propheten auferstanden. Er aber sprach zu ihnen: Wer, sagt ihr aber, dass ich sei? Da antwortete Petrus und sprach: Du bist der Christus Gottes!*

## EINE FRAGE FÜR JEDE UND JEDEN PERSÖNLICH

*Nehmt euch ein paar Minuten Zeit – jede und jeder für sich.*

Was sagst du? Mit welchem Namen nennst du Jesus?

Welche seiner Eigenschaften ist die wichtigste für dich?

Welches Bild, welchen Vergleich findest du treffend für dich und deine Beziehung zu ihm? (Auswahl s.o. im Einführungstext)

## ÜBUNG

Schreibt einen Brief an Jesus, in dem ihr ihm sagt, wer er für euch ist. Es könnte ein Liebesbrief werden. Oder ein Brief mit Fragen. Was euch irritiert. Was ihr nicht versteht. Oder ein Wunschbrief mit der Bitte, sich besser kennenzulernen.

## PROF. DR. HANS-JOACHIM ECKSTEIN

*Seht euch das Kapitel zu Hans-Joachim Eckstein auf der DVD an.*

## AUSTAUSCH

1. Christus – was würde ohne ihn fehlen? Was würde konkret in deinem Leben fehlen?

2. Jürgen Mette erklärt im Buch »Reformation des Herzens«, dass er »Jesu Schäflein« und deshalb auch Hirte sein möchte.

Findet ihr euch in diesem Wunsch wieder?

3. Für Martin Luther war Christus der Überwinder der Angst. Der Befreier, der ihn aus dem Höllenfeuer gerettet hat, aus Albträumen von Strafe, Heulen, Zähneklappern, Flammen.

Christus ist größer als die Angst – die beiden ringen aber oft miteinander. Wie erlebt ihr das?

4. Hans-Joachim Eckstein meint: »Wir können unsere Hoffnung setzen auf Christus als Person.«

Denn seine Lebensbotschaft ist von Güte gekennzeichnet und sagt allen: »Du bist geliebt!«

Was meint ihr dazu? Was könnte das für Konsequenzen im Alltag haben?

5. Hans-Joachim Eckstein sagt, die starke Wirkung der Reformation wäre ohne eine Reformation der Herzen gar nicht möglich gewesen. Nur, wo wir selbst uns erneuern lassen, geschieht Reformation. Und wo die Liebe Gottes neu entdeckt wird, geschieht Erneuerung.

Wünscht ihr euch eine Reformation? Meint ihr, dass wir sie tatsächlich brauchen? Warum?

6. Glaube an Christus und Wissenschaft gehören im Leben dieses Theologie-Professors zusammen.

Wie erlebt ihr selber die Verknüpfung eurer eigenen Profession, eures (Berufs-)Alltags, mit Christus?

Wie verbinden sich in eurem Leben Arbeit und Alltag mit Christus, mit dem Vertrauen auf ihn?

## ÜBUNG

Vervollständige diese Sätze:

Jesus, deine beste Eigenschaft ist für mich …

Meine beste Eigenschaft ist …

Was ich überhaupt nicht an mir selber mag, ist …

Jesus, ich finde beeindruckend an dir, dass du …

## VERABREDUNG

*Wer mag, kann eine gemeinsame Verabredung mitsprechen:*

»Wir erinnern uns an Jesus, den Christus.

Der seit über 2000 Jahren den Glauben in die Welt liebt.

Der uns heilt, zurechthilft und verbindet.

Wir erinnern sein Leben, seine Worte,

seinen Tod und seine Auferweckung.

Wir danken dafür,

dass Christus unser sympathischer Begleiter ist.

Wir machen uns bewusst,

dass wir niemals, zu keiner Zeit, ohne Gott sind.«

## SEGEN

Gott beschenke und segne uns:

Das Jesuskind in der Krippe

segne uns mit Ursprünglichkeit.

Der Friedefürst

segne uns mit Shalom.

Der Mensch aus Nazareth

segne uns mit Vertrauen in die Liebe.

Der auferweckte Christus

segne uns mit dem Mut für Wunder. Amen.

# – EINHEIT 4 –
# DIE ENTDECKUNG
# DES GLAUBENS

## EINSTIMMUNG

Willkommen.

Wer auch immer du bist,

was auch immer du glaubst,

wo auch immer du dich befindest auf deiner Lebensreise,

du bist willkommen.

## AUSTAUSCH

1. Wie ist es euch in der letzten Woche mit der Entdeckung oder auch Neuentdeckung des Christus ergangen? Wie war es, wie ist es, von Christus begleitet zu werden?

2. Habt ihr eine neue Eigenschaft entdeckt – an Christus? An euch selbst?

3. Nach Gnade, Schrift und Christus folgt der Glaube. Was meint ihr: Fehlte der noch? Was könnte der Glaube an Neuem mit sich bringen?

## GEBET

Guter Gott.

Danke, dass wir wieder Zeit haben für heilige Fragen,

Zeit für dich und Zeit für uns,

Zeit, um auf unser Herz zu hören.

Danke für die Entdeckung der Gnade.

Danke für die Worte der Bibel.

Danke für Christus, unseren sympathischen Begleiter.

Reformation, Wandel, Erneuerung –

wünschen wir uns für uns selbst

und wir bitten dich um deinen Segen

und um Achtsamkeit für unsere Gedanken und Gespräche.

Amen.

## DIE ENTDECKUNG DES GLAUBENS

An etwas zu glauben, kann uns unglaublich viel Energie verleihen. Der Glaube ist eine Kraft, die Berge versetzt, Feinde versöhnt, Grenzen überwindet, Vergangenheit überliebt, Zukunft denkbar macht, weltweit Menschen verbindet. Der Glaube hofft. Verleiht innere Stärke und übt Haltungen mit uns ein. Der Glaube prägt das Herz, das Gewissen und wirkt auf unser Gemüt. Er mischt sich in alltäglichste Entscheidungen ein und feiert die heiligsten Momente.

Willkommen auf der vierten und letzten Etappe unserer Reformationsreise. Willkommen, den Glauben zu entdecken. Das eigene Ja. Den persönlichen Zugang zu diesem großen Geheimnis, das wir Gott nennen. Die Entscheidung, einzustehen für eine selbst gefundene Überzeugung. Die Bereitschaft, diesen Glauben zu zeigen in tätigen Zeichen der Liebe.

»Hier stehe ich und kann nicht anders« – dieser berühmte Satz von Martin Luther zeigt eine Person, für die der Glaube persönlich ist und gleichzeitig öffentlich. Nachdem er in reiflicher Überlegung gefunden wurde, wird der Glaube sichtbar. Stellt sich zur Debatte, mischt sich ein, will verändern. Wem das Angst macht, der soll wissen: Auch Martin Luther kannte Zweifel. Er war nicht nur launisch, sondern war sich seines Glaubens nie zu sicher, sondern erlebte ihn als zerbrechliches Geschenk. Und so ging es den allermeisten »Großen des Glaubens«. Jesus sagte einmal zu einem seiner engsten Vertrauten: »Ich aber habe für dich gebetet, dass dein Glaube nicht aufhöre« (Jesus zu Petrus, erzählt im Lukasevangelium 22,32). Der Christus selbst macht sich zum Anwalt und Fürsprecher unseres Glaubens, kümmert sich um unsere Glaubenstreue, um unser Gottvertrauen.

Herzliche Einladung, den eigenen Glauben zu entdecken! Noch einmal suchen wir das Gespräch, um unser Herz zu fragen, wie die Kraft der Reformation uns erreichen, begeistern kann. Wir (die Autorin und der Autor) wollen uns ein Leben ohne diesen Glauben nicht vorstellen. Schon lange nicht mehr. Gleichzeitig kennen wir beide auch den Zweifel, den wir einen Bruder des Glaubens nennen. Wir haben erlebt, dass der Glaube uns trägt und auch unsere Fragen und Anfragen erträgt. Das Gespräch mit der Wissenschaft empfinden wir als bereichernd. Den Dialog mit den anderen Religionen und Deutungsangeboten ebenso und außerdem als unbedingt geboten für den Frieden. Die Auseinandersetzung mit dem eigenen Scheitern und den Grenzen ist für uns dringend notwendig, um lebendig und glaubwürdig bleiben zu können.

Wir haben den Glauben als Kraft erlebt, die uns innere Stärke verleiht. Als eine Haltung dem Leben gegenüber, erleichternd und befreiend. Wir kennen aber auch müde Gebete, Wunder, die ausgeblieben sind. Wir vermissen Gott in dieser Welt und könnten manchmal irre werden angesichts von Leiden, Ungerechtigkeit, Kriegen und Herzenskälte. Trotz unseres Glaubens haben wir Gott nie sicher, nie ganz verstanden, nie begriffen. So bleibt der Glaube trotzig und neugierig. Er verändert sich mit der Zeit, weil wir uns verändern. Unser Glaube ist fragil, aber wunderbarerweise ist er da. »Willkommen, was auch immer du glaubst«, haben wir zur Begrüßung oft gesagt. Wir laden euch herzlich ein, diese letzte Etappe mit uns und eurer Kleingruppe zu gehen und dabei euren Glauben auf- und ihm nachzuspüren.

## MARTIN SCHLESKE

*Seht euch das Kapitel zu Martin Schleske auf der DVD an.*

## AUSTAUSCH

1. Glauben meint im deutschen Sprachgebrauch so etwas wie »Vermuten«, »Nicht-so-genau-Wissen«. Das biblische Wort bedeutet eher »Vertrauen«. Wie verwendet ihr das Wort?

2. Unser Glaube verändert uns und er verändert sich mit der Zeit. Der Kinderglaube wächst. Er bewegt und will uns beweglich halten.

Ist das okay? Erlaubt? Anstrengend? Schön? Befreiend? Glaubwürdig?

Was ist eure Meinung, was eure Erfahrung?

3. Der Geigenbaumeister Martin Schleske beschreibt den Glauben als Ruhepunkt. Glauben bedeutet, gehalten zu werden.

Spricht euch dieses Bild an?

4. Martin Schleske spricht von einer Spannung zwischen »heiliger Ruhe« und »heiliger Unruhe«. Der Glaube schenkt unserem Herzen Vertrauen und zieht uns gleichzeitig in unsere Lebensberufung. Wir ruhen in Gott und werden zu unserem Beitrag gerufen. Wir leben zwischen Zulassen und Gestalten.

Kennt ihr diese Spannung auch? Erlebt ihr euch selber als einseitig oder seid ihr in Balance?

5. Martin Schleske sagt: »Glauben ist hörendes Leben.«

Was bedeutet das für eine Reformation des Herzens?

## BIBELTEXT

Die Bibel beschreibt »Glauben« als Vertrauen, als Gegenpol zum Sehen. Der Glaube vertraut sich einem Geheimnis an, statt auf sichtbare Beweise zu bauen. Und so entstehen Zuversicht und Glaubensgewissheit.

Der Auferweckte Jesus begegnet seinen Vertrauten und sagt (insbesondere zu dem Jünger Thomas, der seine Zweifel äußerte):

*Selig sind, die nicht sehen und doch glauben* (Johannes 20,29).

Und im Brief an die hebräischen Gemeinden heißt es:

*Es ist aber der Glaube eine feste Zuversicht auf das, was man hofft, und ein Nichtzweifeln an dem, was man nicht sieht* (Hebräer 11,1).

## EINE FRAGE FÜR JEDE UND JEDEN PERSÖNLICH

*Nehmt euch ein paar Minuten Zeit – jede und jeder für sich.*

Was ist Glaube für dich? Allgemein? Konkret dein Glaube an Gott?

Wie fühlt er sich an? Was schenkt er dir? Ist er dir Last oder Lust?

## ÜBUNG

Schließt die Augen, und hört, wie eine Person liest:

»Ich glaube an die Sonne,

auch wenn sie nicht scheint.

Ich glaube an die Liebe,

auch wenn ich sie nicht empfinde.

Ich glaube an Gott,

auch wenn er schweigt.«

(Gebet aus dem Warschauer Getto)

Schreibt eigene Glaubenssätze: »Ich glaube an ..., auch wenn ...«

## PROF. DR. MATTHIAS CLAUSEN

*Seht euch das Kapitel zu Matthias Clausen auf der DVD an.*

## AUSTAUSCH

1. Glaube – was ist die beste Wirkung, die der Glaube auf euch hat?

2. Jürgen Mette erzählt im Buch »Reformation des Herzens«, dass der Glaube ihn im Laufe seines Lebens immer wieder dazu gebracht hat, alte Positionen aufzugeben, sich neu zu sortieren, Dinge neu zu gewichten. So erlebt er den Glauben als lebendig.

Kennt ihr das auch, dass sich der Glaube verändert? Erlebt ihr das als gut oder schlecht? Verunsichernd oder bereichernd?

Und gibt es gleichzeitig etwas, das bleibt und das dem Glauben Beständigkeit verleiht?

3. Matthias Clausen erläutert: »Beim Glauben geht es nicht um Leistung.« Nicht um das, was wir verstehen, fühlen, tun. Sondern allein um Vertrauen. Liebe üben, integer sein, fair, gastfrei ... Das alles ist gut, aber nicht »um Gott zu gefallen«.

Kennt ihr »religiösen Leistungsdruck«? Wie kann man ihm begegnen?

4. Wenn ich angelächelt werde, lächle ich gerne zurück. Weil Gott mich liebt, will ich lieben. Glaube ist die natürliche Reaktion auf Gottes Liebe. Eine dankbare Antwort.

Was meint ihr dazu?

5. Matthias Clausen meint: »Vertrauen ist die stärkste Kraft, um das Leben zu verändern.« Appelle und Drohungen machen den Menschen nicht besser, sondern allein die Kraft des Glaubens.

Kennt ihr Menschen, bei denen ihr diese Wirkung des Glaubens ablesen könnt? Wie äußert sie sich?

## ÜBUNG

Verbunden mit der letzten Frage »Kennt ihr Glaubens-Menschen?« – sprich eine Einladung aus! Lade diese Person ein, dich zu begleiten. Es ist wie ein Spiel, eine Fantasie.

Stell dir vor, du gehst mit Gott an deiner Seite weiter. Und dazu mit einer Person, die ein Vorbild für dich ist. Schreib ihren Namen auf einen Zettel und leg ihn auf deinen Küchentisch, deinen Schreibtisch, deinen Arbeitsplatz ...

Martin Luther zum Beispiel darf dich im Alltag auffordern, widerständig zu sein. Oder dich auf die Gnade hinweisen.

Eine Chorleiterin ruft ein paar Bibelverse ins Gedächtnis.

Martin Luther King soll dich im Alltag an deine Träume erinnern.

Klara von Assisi möge den Wunsch zu beten in dir wachhalten.

Deine Großmutter darf dich an Christus erinnern.


## VERABREDUNG

*Wer mag, kann eine gemeinsame Verabredung mitsprechen:*

»Wir wollen sagen, was wir sehen.

Wir wollen sichtbar sein, öffentlich und wach.

Wir wollen mehr glauben, als wir sehen.

Wir wollen tun, was wir glauben.

Wir machen uns bewusst,

dass wir niemals, zu keiner Zeit, ohne Gott sind.«

## SEGEN

Gott beschenke und segne uns:
Der Schöpfer verleiht uns Mut,
geboren aus großem Vertrauen.
Christus selbst tritt für uns ein
und betet für unseren Glauben.
Der Heilige Geist beseelt uns,
dass wir kühn sind und unerschrocken.
Amen.

# – EINHEIT 5 –
# ZUM ABSCHLUSS

## EINSTIMMUNG
Willkommen.

Wer auch immer du bist,

was auch immer du glaubst oder nicht glaubst,

wo auch immer du dich befindest auf deiner Lebensreise,

du bist willkommen.

## AUSTAUSCH
1. Wie ist es euch mit dem Glauben in der letzten Woche ergangen?
Habt ihr mehr glauben können, als ihr sehen konntet? Was zum Beispiel?

2. Glaube und Zweifel gehören zusammen. Wie erlebt ihr es, wenn die beiden miteinander ringen? War das in der letzten Woche der Fall? Wie seid ihr damit umgegangen?

## GEBET
Guter Gott.

Danke, dass wir wieder Zeit haben für heilige Fragen,

Zeit für dich und Zeit für uns,

Zeit, um auf unser Herz zu hören.

Danke für die Entdeckung der Gnade.

Danke für die Worte der Bibel.

Danke für Christus, unseren sympathischen Begleiter.

Danke für den Glauben,
unsichtbar wie der Wind und doch da.
Reformation, Wandel, Erneuerung –
wünschen wir uns für uns selbst
und wir bitten dich um deinen Segen
und um Achtsamkeit für unsere Gedanken und Gespräche.
Amen.

## DIE REFORMATION DES HERZENS GEHT WEITER

Martin Luther hat eine epochale Bewegung ausgelöst. Das war sicher nicht sein Plan. Dass seine Anstöße die Kirche spalten würden, hat er nicht gewollt, genauso wenig, dass zwei neue Kirchen und Konfessionen entstehen. Aber er hat viel riskiert.

Jürgen Mette wünscht sich, unerschrocken wie Luther zu sein. Christina Brudereck wünscht sich »Chuzpe«, charmante Beherztheit. Was wünscht ihr euch? Was braucht ihr nach dieser vierwöchigen Reise zu den Ideen der Reformation? Nach dieser Reise ins eigene Herz? Was ist euer größtes Gebet?

Martin Luther hat seine persönlichen Fragen ernst genommen. Dazu hat er die Fragen seiner Zeit wahrgenommen und Antworten gesucht. Wie können wir in unserer Zeit unsere Ideale leben? Auch wenn es enger wird, der Ton rauer und die Meinungen extremer? Wie können wir über die Schönheit unseres Glaubens sprechen und andere für ihn gewinnen? Wie teilen wir die Grazie der Gnade, die Weisheit der Schrift, die einzigartige Art von Christus und die Kraft des Glaubens? Wie bekommen wir Kraft, um unsere Ideale auch durchzuhalten? Und wie zeigen wir anderen diese Kraft? Was müsste passieren, damit wir noch mehr zu Liebenden werden, außer dass wir ein Buch lesen, eine DVD sehen und uns darüber austauschen?

Wir haben uns auf die Suche danach begeben, was wir Martin Luther und der Reformation verdanken. Ganz bewusst haben wir uns dabei auf die Schätze dieses Erbes konzentriert. Gleichzeitig wollen wir nicht vergessen, dass Martin Luther wie alle »Großen« nicht nur ein Held ist, sondern auch echte und große Fehler machte. Das macht uns bei allem Wunsch nach Kühnheit auch vorsichtig. Wir beten um Glauben, aber auch um Irrtumsfähigkeit. Luthers Haltung gegenüber dem Judentum zum Beispiel ist verheerend, ungerecht, verzerrt und seine theologischen Aussagen sind damit Teil einer schrecklichen Wirkungsgeschichte bis zur Shoa. Die Reformation löste die konfessionellen Kriege aus. Viele Menschen starben, Europa wurde verwüstet.

Unsere eigene Position finden und formulieren zu dürfen, ist ein Privileg. Hätten wir aber ein reformiertes Herz und hätten die Liebe nicht, so wären wir nichts (vgl. 1. Korinther 13,2). Die Liebe möge unser Korrektiv bleiben. Mit Christus, dem sympathischen Begleiter, bleibt sie fest an unserer Seite. Auch, damit wir achtsam bleiben.

Wir haben Martin Luther und vier Grundideen der Reformation in den Mittelpunkt gestellt. Klar ist aber, dass Luther kein Einzelkämpfer war und der Protestantismus viele Mitstreiterinnen und Mitstreiter hatte. Katharina von Bora, seine Frau. Philipp Melanchthon. Johannes Calvin. Lucas Cranach. Thomas Müntzer. Huldrych Zwingli. Elisabeth von Braunschweig-Lüneburg. So wünschen wir uns und euch auch weiterhin Menschen zur Seite, eine Gemeinschaft, die mit euch sucht, glaubt, hofft, liebt und feiert.

Mit diesen Wünschen und Fragen verabschieden wir uns. Die großartigen Ideen der Reformation und der Geist der Freiheit mögen uns weiter beflügeln. Bewahrt euch eure Spuren, Antworten und Ahnungen. Und teilt sie mutig mit anderen. Wir wollen das auch weiter tun.

## EINE FRAGE FÜR JEDE UND JEDEN PERSÖNLICH

*Nehmt euch ein paar Minuten Zeit – jede und jeder für sich.*

Welche Erkenntnis oder Entdeckung der vergangenen vier Wochen möchtest du dir bewahren?

Was brauchst du, damit die Reformation deines Herzens weitergeht?

## AUSTAUSCH

1. Was steht am Ende dieser Reise? Was bleibt?

Welche Erkenntnis oder Entdeckung möchtet ihr euch bewahren?

Welche Reformation hat ihren Anfang genommen mit euch? In euch?

2. Wie kann es damit weitergehen? Was braucht ihr, damit es gut weitergeht?

3. Würdet ihr als Kleingruppe morgen vor den Bundestag geladen (wie Martin Luther einst vor den Reichstag), was wäre euer dringendstes Anliegen? Wofür wolltet ihr einstehen?

4. Habt ihr vier Worte, Ideale, Entdeckungen, »Soli« für euch gefunden?

Schreibt sie auf und teilt sie dann mit den anderen.

Es können Gnade, Schrift, Christus und Glaube sein.

Oder: Glaube, Hoffnung, Liebe und Mut.

Oder: Liebe, Frieden, Zuversicht, Kühnheit.

Oder: ...

## ÜBUNG

Verwendet das Herz auf der nächsten Seite. Jeder kann seines individuell gestalten und das für ihn Wesentliche der letzten vier Wochen in Worten (Stichworte, Brief, Gedicht ...) oder künstlerisch (Zeichnung, Collage ...) festhalten. Nehmt dieses Herz dann mit in euren Alltag als Erinnerung.

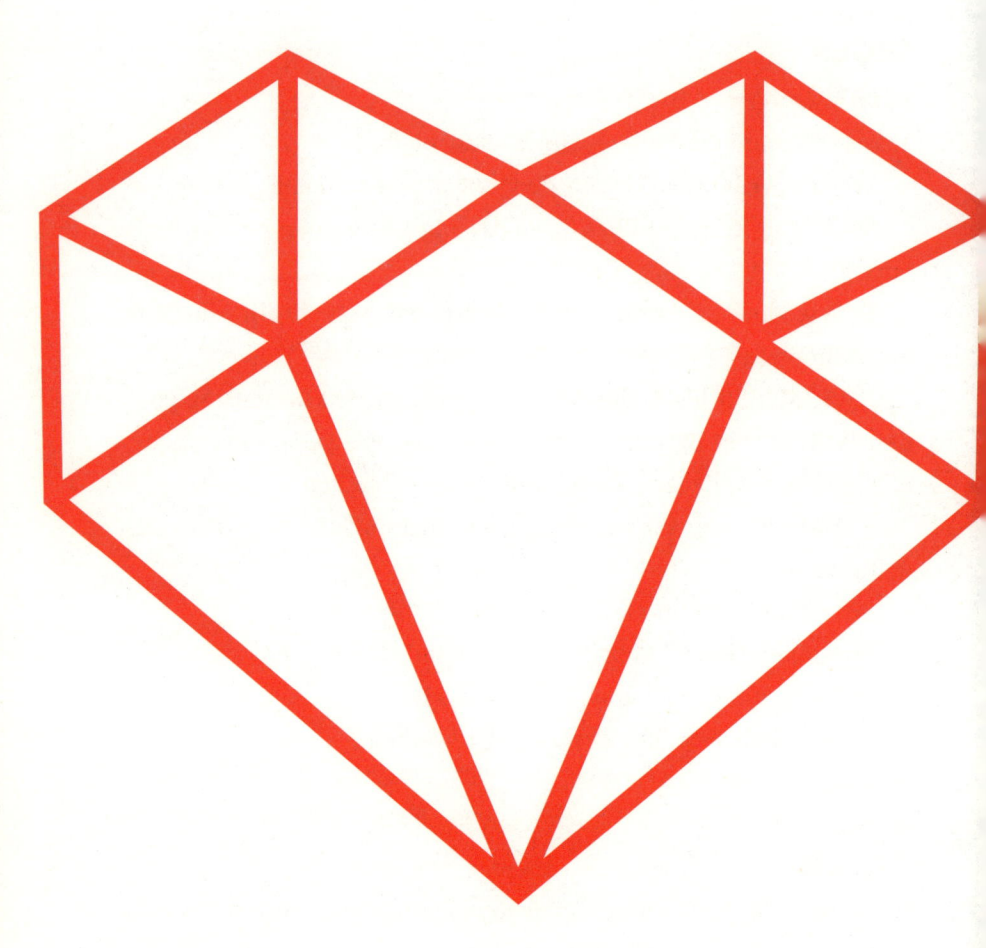

## GEMEINSAMES GEBET

*Nehmt euch Zeit für eine gemeinsame Gebetszeit, in der jede und jeder lei- se oder laut Gott das sagt, was er von den vergangenen vier Wochen in seinem Herzen bewahren möchte.*


## SEGEN

Gott beschenke und segne uns:
Gott liebt diese Welt ins Leben. Jeden Tag.
Gott bleibt uns zugewandt seit Beginn der Zeit.
Gott bleibt treu seit mehr als 2000 Jahren.
Gott bleibt gnädig scit mehr als 500 Jahren.
Gott liebt uns über vier Wochen hinaus.
Gott ruft uns ins Leben über ewig und drei Tage.
Gott liebt uns in Ewigkeit.
Amen.

# ANMERKUNGEN

1 Vgl. Sacharja 3,1-6.

2 Nikolaus Ludwig Graf von Zinzendorf.

3 Aus den Tischreden.

4 Martin Buber, »Die Legende des Baalschem«, Manesse-Verlag 2001, Seite 68.

5 Quelle: ein Kirchenlied. Text: Karl Emil Wilhelm Quandt 1880, Melodie: August Dietrich Rische 1885.

6 Übersetzt nach: Howard Zinn, »A Power Governments Cannot Suppress«, City Lights Publishers 2006, Seite 270.

7 Heinz Schilling, »Martin Luther. Rebell in einer Zeit des Umbruchs«, C.H. Beck 2014, Seite 539.

8 Aus: Wider Hans Worst.

9 Jörg Lauster, »Die Verzauberung der Welt. Eine Kulturgeschichte des Christentums«, C.H. Beck 2015, Seite 297.

10 »Aber die dritte Weise, welche die rechte Art der evangelischen Ordnung haben sollte, dürfte nicht so öffentlich auf dem Platz unter allerlei Volk geschehen. Sondern diejenigen, die mit Ernst Christen sein wollen und das Evangelium mit der Tat und dem Munde bekennen, müssten sich mit Namen einzeichnen und sich etwa in einem Haufen versammeln zum Gebet, lesen, zu taufen, das Sakrament empfangen und andere christliche Werke zu üben. In dieser Ordnung könnte man die, welche sich nicht christlich hielten, kennen, strafen, bessern, ausstoßen oder in den Bann tun nach der Regel Christi Matthäus 18,15ff. Hier könnte man auch ein gemeinsames Almosen auferlegen,

das man freiwillig gäbe und nach dem Vorbild des Paulus austeilte (2. Korinther 9,1). Hier bedürfte es nicht vieler und großer Gesänge. Hier könnte man auch Taufe und Sakrament auf eine kurze feine Weise halten und alles aufs Wort und Gebet und auf die Liebe richten. Hier müsste man einen guten kurzen Unterricht über das Glaubensbekenntnis, die Zehn Gebote und das Vaterunser haben. In Kürze: Wenn man die Menschen und Personen hätte, die mit Ernst Christen zu sein begehrten, die Ordnungen und Regeln dafür wären bald gemacht.«

# REFORMATION DES HERZENS

*Cacau (Darsteller), Martin Schleske (Darsteller), Patricia Kelly (Darstellerin), Andrea Schneider (Darstellerin), Martin Nowak (Regie), Thorsten Dietz (Darsteller), Matthias Clausen (Darsteller), Hans-Joachim Eckstein (Darsteller), Thomas Maria Renz (Darsteller), Jürgen Mette (Darsteller), Christina Brudereck (Darstellerin)*

Gnade. Schrift. Christus. Glaube. Was bedeuten diese vier Grundbegriffe der Reformation für uns heute? Für jeden ganz persönlich? Solchen Fragen spürt diese Dokumentation nach und befragt dazu sowohl prominente Persönlichkeiten wie Cacau, Patricia Kelly oder Martin Schleske als auch Theologen wie Hans-Joachim Eckstein oder Thorsten Dietz. Sie alle fordern uns heraus, den eigenen Glauben zu hinterfragen und zu festigen, und laden dazu ein, ganz neu – oder zum ersten Mal – über Gott nachzudenken.

**DVD, 80 Minuten, FSK Infoprogramm**
**Nr. 210.320**